제16개정판

IFRS하의
경영의사결정과
회계원리
해답집

손성규 · 이호영 · 오명전

Business Decision Making under IFRS
Principles of
Accounting

法文社

P·A·R·T

1

회계원리 총론

회계는 기업 경영의 언어라고 일컬어진다. 즉 회계는 기업내부의 경영에 필요한 정보들을 제공해주는 중요한 매체로 활용될 뿐 아니라 기업외부의 이해관계자들에게 정보를 제공해주는 중요한 수단으로 이용된다. 경영학자 피터 드러커에 따르면, 오늘날의 경영자는 항상 두 가지 선택에 직면한다고 한다. 첫째는, 여러 대안들 중 무엇을 선택할 것인가(what to do?)이며, 둘째는, 어떤 것을 하기로 결정했다면, 어떻게 할 것인가(how to do?)를 선택하는 것이라고 언급했다. 기업과 관련된 '무엇을' 그리고 '어떻게' 할 것인가의 선택에 필요한 정보의 70퍼센트 이상이 다양한 형태의 회계정보로 주어지고 있다고 한다. 미국 네브래스카 주의 오마하에 살고 있어 오마하의 현인(sage of Omaha)이라고 불리는 버크셔 헤서웨이(Berkshire Hathaway)의 워렌 버핏(Warren Buffett)회장은 재무제표에 내재된 정보의 품질과 회계정보에 대한 이해가 투자의사결정에 가장 중요함을 강조하고 있다. 본 교재의 전반부인 총론에서는 제1장 회계의 개념과 구조에 대한 소개에서 시작하여, 거래의 인식과 분석을 거쳐 재무제표 중 제5장 재무상태표와 제6장 수익인식과 포괄손익계산서까지의 주요 사항들에 대한 이해를 통해 기업회계의 핵심개념 및 구조와 재무제표의 작성과정을 체계적으로 학습한다.

Business Decision Making under IFRS
PRINCIPLES OF ACCOUNTING

01 회계의 개념과 구조

익힘 문제

01 회계는 회계정보이용자의 경제적 의사결정에 유용한 경제적 실체에 관한 계량적 정보를 제공하는 기능을 수행하는 서비스 활동이라고 정의된다.
회계의 목적은 회계정보이용자가 합리적 판단과 경제적 의사결정을 하는 데 유용한 정보를 제공하려는 것이다.

02 기업에 관한 중요한 정보임에도 불구하고 객관적으로 계량화하기 어렵기 때문에 현행 재무제표에는 보고되지 않는 정보들이 있다. 여기에 속하는 정보들로는 기업의 인적 자원에 관한 정보라든지 기업의 이미지, 연구개발노력의 질적인 면, 판매망조직의 광범위성, 기업의 기술수준에 대한 정보 등을 들 수 있다.

03 일반적으로 인정된 회계원칙이란 기업실체에 영향을 미치는 경제적 사건을 재무제표 등에 보고하는 방법을 기술한 것으로 회계처리를 할 때 따라야 할 지침이며 회계실무를 이끌어 나가는 지도원리를 말한다.

04 재무제표는 회계실체의 경제적 활동에 관한 정보를 외부이용자에게 전달하는 수단으로 재무상태표, 손익계산서, 현금흐름표 및 자본변동표로 구성된다. 이러한 재무제표의 종류별로 제공하는 정보를 구분해보면 재무상태표는 특정시점의 재무상태를 나타내며, 손익계산서는 일정기간 동안의 기업의 영업성과(경영성과)를 보고하며, 현금흐름표는 일정기간 동안의 기업의 현금변동내용을 명확하게 보고하기 위하여 현금유입과 유출에 관한 내용을 나타내며, 또한 기업이 실시한 영업활동, 투자활동 및 재무활동으로부터의 현금의 증감을 나타내준다. 자본변동표는 한 회계기간 동안 발생한 소유주지분인 자본의 변동사항을 나타낸다. 따라서 자본변동표에는 자본을 구성하고 있는 자본금, 자본잉여금, 자본조정, 기타포괄손익누계액, 이익잉여금(또는 결손금) 각각의 변동사항이 보고된다.

05 경영자에게 정보를 제공하는 다른 정보제도로는 경영정보시스템(management information system)과 마케팅정보시스템(marketing information system) 등이 있다. 투자자는 기업의 재무제표, 공인회계사의 감사보고서, 전문기관의 간행물, 증권분석가의 분석 및 기업공시

자료 등에서 정보를 얻고 있다.

06 은행은 기업의 신용상태, 즉 채무상환능력을 판단하기 위하여 회계정보를 필요로 하며, 주식투자자는 투자하고 있는 기업의 주주로서 회사의 재무상태와 경영성과를 알기 위해서 회계정보를 필요로 하며, 증권분석사는 투자대상기업의 재무상태와 채무상환능력을 검토하여 위험을 최소로 하면서 수익성을 최대로 할 수 있는 투자활동을 수행가능하게 하는 정보를 제공하기 위하여 회계정보를 필요로 한다.

07 한 사람을 채용하기 위해서 10,000,000이 지출된다고 하면 이론적으로는 그 사람의 근무기간에 걸쳐서 비용으로 처리하여야 하겠지만, 중요성의 원칙에 따라 채용한 기간의 비용으로 처리할 수도 있다.

08 관심을 가져야 한다. 왜냐하면 회계보고서는 개인이나 집단의 의사결정의 기초가 되기 때문에 행동과학에 대한 이해가 있어야 한다.

09 (1) 재무회계는 주로 외부이용자들에게 재무보고서를 제공하는 업무와 관련되는 분야이다. 재무회계의 목적은 기업의 소유주와 채권자 등이 의사결정을 하는 데 도움을 주려는 것이다. 재무회계에서 제공하는 정보로 외부이용자들은 기업의 과거 영업활동을 평가하고 장래를 예측하게 된다.

관리회계는 내부의 경영자들에게 재무정보를 제공하는 분야이다. 관리회계에서 제공하는 정보는 계획과 통제 및 장·단기 의사결정에 이용된다. 정보는 재무회계에서 제공하는 정보와 비교하여 더 세부적이며 미래지향적이다.

세무회계는 세무당국에 제출하기 위한 세무신고서 등과 같은 세무보고서를 준비하는 분야이다. 보고서의 형식과 내용은 매우 공식적이고 규격화되어 있다. 세무회계는 관계법률과 절차에 의하여 정확한 세금을 계산하려는 것이 목적이므로 정보는 법률과 절차에 따라 제공되어야 한다.

(2) 세 가지 분야를 구분할 필요는 없다. 세 분야, 그 중에서도 재무회계와 관리회계는 많은 부분이 중복된다. 그러므로 좋은 회계시스템이란 기본자료를 획득하여 그것을 재편성하고, 연결함으로써 여러 가지 다른 목적의 보고를 가능하게 하는 시스템이라고 할 수 있다.

10 그렇지 않다. 왜냐하면 다양한 집단으로 구성된 정보이용자들의 의사결정시 이용하고자 하는 기업정보에 대한 요구사항이 다양하기 때문에 서로 다른 정보이용자들의 요구를 모두 충족시켜 줄 수 있는 재무제표를 작성하는 것은 매우 어렵다. 따라서 어느 특정한 정보이용자를 대상으로 하지 않는 일반목적의 재무제표(general purpose financial statement)

를 작성하고 있다.

11 공인회계사의 주된 업무는 기업의 재무제표에 대하여 의견을 표명하는 회계감사업무이며, 이 외에도 세무업무와 경영자문업무도 수행한다.

12 사기업에 종사하는 회계담당자는 회계조직의 설계, 원가회계업무, 재무예측업무, 세무회계 업무, 내부감사업무, 관리회계업무 등을 수행한다. 관리회계업무는 회계정보의 내부이용자 인 경영자에게 일상 업무에 관한 계획수립과 통제에 필요한 정보를 제공한다.
회계부서의 책임자는 콘트롤러(controller)라고 하며, 회계부서의 업무를 관장하고 경영자 의 일원으로 회계의 목표를 설정하고 회사의 목표에 일치되게 경영활동이 수행되고 있는 가를 평가하는 업무를 수행한다.

연습 문제

01 (1) T
(2) F : 포괄손익계산서는 특정시점이 아닌 일정기간동안의 경영성과를 나타내는 보고서임
(3) T
(4) F : 주석 및 기타 재무보고 수단 등을 통하여 질적정보도 제공할 수 있다.
(5) F : 정의뿐만 아니라 인식기준도 충족해야 재무제표에 인식된다.
(6) F : 기업실체(경제적실체)의 개념 하, 개인재산과 분리하여 보고해야 함.
(7) F : 계속기업 가정이 의문시될 때는 계속기업 가정이 적용될 때와는 다른 방법을 적용 하여 측정해야 함. 즉, 취득원가가 아닌 '청산가치'로 표시해야 함.

02 ⑤

03 ③

02 회계의 순환과정(1): 거래의 식별

익힘 문제

01 기업에서 일어나는 여러 가지 경제적 사건 중에서 회계기입의 대상이 되는 경제적 사건을 "회계상의 거래"라고 한다.

02 회계상의 거래가 되기 위해서는 첫째, 기업의 경제적 사건을 화폐단위로 객관적으로 측정할 수 있어야 하고,
둘째, 발생된 경제적 사건이 재무상태를 변동시켜야 한다.

03 (2), (3), (5), (7)

04 회계등식은 자산총액과 지분총액이 항상 일치한다는 사실을 방정식을 통하여 나타내는 것으로 다음과 같다.
자산＝부채＋자본 또는 자산＝지분

05 수익은 유출개념과 유입개념으로 정의될 수 있으며, 일반적으로 재화용역의 유출개념으로 정의할 때, 수익이란 기업이 일정기간 고객에게 이전한 제품 또는 용역의 총계를 화폐로 표시한 금액으로 정의될 수 있다.
한편 비용은 수익획득과정에서 나타나는 재화 또는 용역의 사용 또는 소비로 정의할 수 있다.
이익을 명확히 정의하기가 어렵기 때문에 여러 가지 형태로 이익을 분류할 수 있으며 크게 경제학적 이익과 회계학적 이익으로 구분하는 경우, 경제학적 이익은 기말에도 기초와 동일한 만족상태를 유지하면서 일정기간 동안 소비할 수 있는 최대 금액을 말하며, 회계학적 이익은 전통적 복식부기의 원리에 따라 당기실현수익에 당기발생비용을 차감한 부분을 말한다.
이익잉여금은 영업활동이나 재무활동 등 기업의 이익창출활동에 의해 축적된 이익 중에서 사회에 유출되거나 불입자본에 대체되지 않고 사내에 유보된 부분을 말한다. 즉 이익잉여금은 기업이 획득한 이익 중 배당을 초과한 금액으로서, 당기순이익(수익＞비용)은 이익잉여금을 증가시키고 당기순손실(수익＜비용)과 배당은 이익잉여금을 감소시킨다.

06 수익: ₩7,000, 비용: ₩5,000, 이익: ₩2,000

상품이 판매되었으므로 원가는 발생하였다. 비용은 ₩5,000이고 설사 현금이 수취되지 않았다 해도 ₩7,000은 당기의 노력의 결과이므로 이는 당기의 수익으로 인식하여야 한다. 따라서 수익은 ₩7,000이고 이익은 이들의 차액 ₩2,000이 된다.

07 발생주의 회계

08 발생주의는 현금의 수취와는 관계없이 수익은 발생된 시점에서 인식을 하고 비용은 수익비용대응의 원칙에 따라 관련된 수익이 인식되는 기간에 대응하여 같이 인식하여야 한다는 것이다. 반면에 현금주의는 수익·비용의 발생과는 관계없이 현금의 수취시에 수익을 인식하고 현금의 지출시에 비용을 인식하는 것이다. 이와 같은 현금주의는 적용이 간편하다는 장점이 있으나 기업의 경영성과와 재무상태를 왜곡시킬 우려가 있다. 따라서 기업의 경영성과를 정확하게 반영하는 방법은 실현주의에 의하여 수익을 인식하고 수익비용대응의 원칙에 따라 비용을 인식하는 발생주의이다.

09 〈분개〉:　　(5월)　　(차) 매출채권　　500　　(매) 매　출　　500

　　　　　　　(6월)　　(차) 현　금　　500　　(매) 매출채권　　500

용역은 5월에 제공하였으므로 이로 인한 수익은 5월에 인식되어져야 한다.

10 (1) 계정과목: 특정 자산, 부채 또는 자본, 수익, 비용 항목의 이름

(2) 계정의 왼쪽: 차변

(3) 계정의 오른쪽: 대변

11 (1) 계정(Account): 경영자들이 경영활동을 수행하는 데 필요한 정보를 체계적으로 집계하는 수단으로, 특정 자산, 부채, 자본, 수익, 비용 각각의 항목에 대하여 독립적으로 설정되는 회계기록의 단위를 말한다.

(2) 원장(Ledger): 각 계정을 한곳에 묶어놓은 것으로 보통통계원장(General Ledger)이라고 부른다.

12 이익잉여금은 수익과 비용의 산물이라 할 수 있는데 수익과 비용을 직접 이익잉여금계정에 기입하지 않는 것은 정보이용자에게 보다 상세한 경영성과에 관한 정보를 알려주고 경영자의 업적평가를 보다 잘 할 수 있기 때문이다.

연습 문제

01 (1) ○ (2) × (3) ○ (4) × (5) × (6) ○ (7) ○ (8) ○ (9) ○ ⑩ ×

02

	증가	감소		증가	감소
자산	(0)(1)(2)(3) (5)(4)	(1)(3) (6)	부채	(0)(5)	
			자본	(2)(3)(4)	(6)

03 ① ₩340,000

② ₩120,000

③ ₩100,000

④ ₩550,000

04

자 산	= 부 채	+ 자 본
(1) 현금(+5,000)	= 0	+ 자본금(+5,000)
(2) 상품(+8,000)	= 매입채무(+8,000)	+ 0
(3) 현금(−270)	= 0	+이익잉여금(−270)
(4) ⌈매출채권(+5,000) ⌊상 품(−4,000)	= 0	+이익잉여금(+1,000)
(5) 현금(−2,000)	= 매입채무(−2,000)	+ 0
(6) 0	= 미지급보험료(+100)	+이익잉여금(−100)
(7) 현금(+5,000)	= 단기차입금(+5,000)	+ 0
(8) ⌈비품(+3,300) ⌊현금(−3,300)	= 0	+ 0
(9) ⌈현금(+6,000) ⌊상품(−4,000)	= 0	+이익잉여금(+2,000)
⑩ 현금(−250)	= 0	+이익잉여금(−250)

05 (1) 자산의 증가, 자본의 증가

(2) 자산의 감소, 자본의 감소

(3) 자산의 증가, 부채의 증가

(4) 자산의 증가, 자본의 증가

(5) 자산의 증가, 자산의 감소

(6) 자산의 감소, 부채의 감소

(7) 부채의 증가, 자본의 감소

(8) 부채의 증가, 자본의 감소

(9) 자산의 증가, 부채의 증가

(10) 부채의 증가, 자본의 감소

(11) 자산의 증가, 부채의 증가

(12) 자산의 감소, 자본의 감소

(13) 회계상의 거래가 아님. 아무런 변화 없음

(14) 자산의 감소, 자본의 감소

(15) 회계상의 거래가 아님. 아무런 변화 없음

06 (1) ₩6,000

(2) ₩3,000

(3) ₩9,000

(4) 자본은 총자산의 $\frac{2}{3}$이므로 자본이 ₩40,000일 때 총자산은 ₩60,000, 총부채는 ₩20,000 이다.

(5) ₩100,000 + (₩20,000 − ₩5,000) = ₩115,000

07 ②

08 ① 1월 6일

재무상태표

자 산		자본	
현금	₩25,000	보통주자본금	₩25,000
자산총액	₩25,000	자본총액	₩25,000

② 1월 8일

재무상태표

자 산		부채	
현금	₩25,000	매입채무(외상매입금)	₩12,000
상품	12,000	자본	
		보통주자본금	25,000
자산총액	₩37,000	부채와 자본 총액	₩37,000

③ 1월 9일

재무상태표

자 산		부채	
현금	₩24,000		
상품	12,000		₩12,000
소모품	1,000	자본	
		보통주자본금	25,000
자산총액	₩37,000	부채와 자본 총액	₩37,000

④ 1월 16일

재무상태표

자 산		부채	
현금	₩20,000		
상품	12,000		₩ 8,000
소모품	1,000	자본	
		보통주자본금	25,000
자산총액	₩33,000	부채와 자본 총액	₩33,000

09

재무상태표

신촌주식회사 　　　　　　　20×1년 2월 28일 현재 　　　　　　　(단위: 원)

자　산	금　액	부채와 자본	금　액
현　　금	₩30,900	매입채무	₩15,000
매출채권	14,000	자본금	25,000
선급임차료	1,100	이익잉여금*	22,400
상　　품	16,400		
자산총계	₩62,400		₩62,400

* ₩22,400＝₩62,400−(₩15,000＋₩25,000) 또는 기말이익잉여금＝기초이익잉여금 + 당기순이익 −
배당금＝기초이익잉여금 + 수익 − 비용−배당금 = 1월의 이익잉여금+매출액(현금 + 외상)−매출원
가 − 급여 − 임대료＝21,200＋3,000＋3,500−3,600−1,600−100＝22,400

10　(1) 보통주 ₩10,000을 발행하여 전액 현금을 받아 회사를 설립한다.
　　　(2) 상품 ₩4,000을 외상매입하다.
　　　(3) 매입채무 중 ₩1,000을 현금으로 변제하다.
　　　(4) 원가 ₩1,000인 상품을 현금 ₩6,000을 받고 매출하다.

11　(1) T
　　　(2) F : 포괄손익계산서 계정과목들은 임시적 항목들로서 매 회계기간 말에 마감된다.
　　　(3) F : 기업회계기준에 의한 재무제표 구성요소의 인식은 현금흐름정보를 제외하고는 발
　　　　　생기준이 원칙이다.
　　　(4) F : 비용의 발생은 자산감소 및 부채증가를 수반한다.
　　　(5) F : 배당금의 지급은 비용이 아니므로 포괄손익계산서 상의 당기순이익에는 영향을 미
　　　　　치지 않는다.
　　　(배당은 이익잉여금의 차감계정으로 재무상태표 자본항목인 이익잉여금을 감소시킨다.)
　　　(6) F : 복식부기원리상 수익의 발생과 부채의 증가는 모두 대변요소이므로 대응되어 발생
　　　　　할 수 없다.

03 회계의 순환과정(2): 거래의 기록

익힘 문제

01 (1) 현금의 증가 ⟹ 차변기입
(2) 미지급급여 증가 ⟹ 대변기입
(3) 사채의 감소 ⟹ 차변기입
(4) 이익잉여금의 증가 ⟹ 대변기입
(5) 상품의 감소 ⟹ 대변기입
(6) 매입채무의 감소 ⟹ 차변기입
(7) 보통주자본금의 증가 ⟹ 대변기입

02 (1) 분개장과 원장 모두를 이용하여 거래를 기록할 경우 거래의 역사적 흐름을 체계적으로 파악할 수 있고, 금액의 검증 기능도 뛰어나 더 능률적이다. 만약 거래를 분개장에 기입하지 않고 직접 원장에 기입하면 차변기입과 대변기입 중의 어느 하나를 기입하지 않는다든지, 동일한 거래를 이중으로 기입하게 될 가능성이 있다. 또한 오류발생시 원장을 통해서 오류와 관련된 거래를 추적하기가 힘들다. 따라서, 원장만을 이용할 경우에는 분개장을 함께 이용하는 것보다 오류발생가능성이 더 많이 존재하며 더 비능률적이다.

(2) 복식부기의 의미는 한 가지 거래를 두 가지 측면에서 분석하여 각 계정의 차변과 대변금액이 일치하는 것을 뜻하는 대차평균의 원리를 의미한다. 따라서 분개장과 원장, 두 개의 장부를 이용하는 것과 복식부기는 관계없다.
가장 합리적인 의견이다. 거래를 분개장과 원장을 이용해 기록해가면 거래의 역사적 흐름을 체계적으로 파악할 수 있고 금액의 검증기능도 뛰어나기 때문에 더 능률적이다.

03 (1) 틀림: 예를 들면 사채를 발행하여 고정자산을 취득한다든지, 고정자산을 교환하는 거래가 그것이다.
(2) 맞음: 이익이란 근본적으로 자산을 활용하여 창출되는 것이기 때문이다.
(3) 맞음: 비용이란 궁극적으로 자본에 반영되기 때문이다.
(4) 틀림: 예를 들면 상품을 외상판매하는 경우, 미수수익이 발생한 경우 등이 그것이다.
(5) 틀림: 예를 들면 상품의 외상매입과 미지급비용의 발생이다.

04 재무제표는 기업의 회계순환과정을 통하여 산출되는데, 회계순환과정(accounting cycle)이란 기업의 회계담당자가 기업에서 발생한 경제적 사건을 식별·측정하여 정보이용자의 의사결정에 유용한 회계정보를 제공하는 일련의 과정을 말한다. 회계순환과정의 절차를 요약해보면 다음과 같다.

- 기중의 회계원리: 발생된 거래를 분석하여 분개장에 분개하고, 총계원장과 보조원장에 전기한다.
- 결산: 수정전시산표를 작성하고 기말수정분개를 한 뒤 수정후시산표를 작성한다.
- 재무제표 작성: 수정후시산표를 토대로 기업회계기준 양식에 따라 재무상태표와 손익계산서를 작성한다.
- 계정마감: 수익·비용계정을 마감하고, 자산·부채·자본계정의 잔액은 다음기로 이월시킨다.
- 기초재수정분개: 경과계정항목(선급비용, 미지급비용, 선수수익, 미수수익 등)들에 대해 다음기 초에 기말수정분개의 반대분개를 한다.

05 분개장

06 분개

07 전기

08 거래가 발생한 경우 직접 각 계정의 차변과 대변에 기입하면 거래의 누락이나 오류가 발생할 수 있으므로 발생된 거래를 각 계정에 기입하기 전에 미리 분개를 하는데, 이러한 분개를 기입하는 장부를 분개장이라 한다. 그리고 분개장에 분개한 기록을 각 해당 계정에 옮겨 적어야 되는데 이를 전기라 하며 이들 계정이 설정되어 있는 장부를 원장 또는 총계원장이라고 한다. 거래를 기록할 때 분개장과 원장을 모두 사용하여 기록하는 이유는 거래의 역사적 흐름을 체계적으로 파악할 수 있음과 동시에 회계처리에 대한 상호검증기능이 뛰어나 둘 중 하나만 사용하는 것보다 훨씬 더 능률적이기 때문이다.

연습 문제

01

	차변	대변
(1)	1	8
(2)	3	6

(3)	12	1
(4)	1	10
(5)	1	7
(6)	7	8
(7)	2	3
(8)	1	2
(9)	6	1

02 (1) ① (차) 현　　금　　100,000　　(대) 자본금　　　100,000

② (차) 상　　품　　9,000　　(대) 매입채무　　9,000

③ (차) 매입채무　　4,000　　(대) 현　　금　　4,000

④ (차) 선급임차료　　1,200　　(대) 현　　금　　1,200

⑤ (차) 현　　금　　9,900　　(대) 상　　품　　5,800

　　　　　　　　　　　　　　　　　이익잉여금　　4,100

　(차) 이익잉여금　　1,200　　(대) 현　　금　　1,000

　　　　　　　　　　　　　　　　　미지급급여　　200

또는

　(차) 현　　금　　9,900　　(대) 이익잉여금　　9,900

　(차) 이익잉여금　　5,800　　(대) 상　　품　　5,800

　(차) 이익잉여금　　1,200　　(대) 현　　금　　1,000

　　　　　　　　　　　　　　　　　미지급급여　　200

⑥ (차) 이익잉여금　　500　　(대) 현　　금　　500

현　　금				상　　품				매입채무		
①	100,000	③	4,000	②	9,000	⑤	5,800	③	4,000	② 9,000
⑤	9,900	④	1,200							
		⑤	1,000							
		⑤	500							

선급임차료		미지급급여		이익잉여금				보통주자본금	
④ 1,200			⑤ 200	⑤ 1,200	⑤ 4,100			① 100,000	
				⑥ 500					

(3)

재무상태표

현　금	₩103,200	매입채무	₩5,000
선급임차료	12,00	미지급급여	200
상　품	3,200	보통주자본금	100,000
		이익잉여금	2,400
	₩107,600		₩107,600

03

거래	차변잔액		대변잔액	
	계정의 유형	증가, 감소	계정의 유형	증가, 감소
(1)	현금	증가	자본금	증가
(2)	토지	증가	현금	감소
(3)	기계장치	증가	현금 미지급금	감소 증가
(4)	비품	증가	미지급금	증가
(5)	소모품	증가	현금 미지급금	감소 증가
(6)	미지급금	감소	현금	감소

04

페인트			
✔ ₩376,000	3/9	₩130,000	
3/5　94,000	3/26	160,000	
	✔	180,000	
₩470,000		₩470,000	
✔ ₩180,000			

휘발유		
3/9 ₩18,000	3/9	₩18,000
₩18,000		₩18,000

현　금			
✔ ₩312,000	3/5	₩94,000	
3/13　590,000	3/9	18,000	
3/30　390,000	3/20	280,000	
	3/25	100,000	
	3/27	150,000	
	3/28	208,000	
	✔	442,000	
₩1,292,000		₩1,292,000	
✔ ₩442,000			

매입채무			
3/27	₩150,000	✔	₩298,000
✔	148,000		

매출채권			
✔	₩633,000	3/9	₩590,000
3/10	416,000	3/30	390,000
3/17	290,000	✔	1,342,000
3/27	983,000		
	₩2,322,000		₩2,322,000
✔	₩1,342,000		

설 비			
✔	₩689,000	✔	₩789,000
3/25	100,000		
	₩789,000		₩789,000
✔	₩789,000		

차입금			
3/20	₩280,000	✔	₩298,000
✔	1,873,000		
	₩2,153,000		₩2,153,000
		✔	₩1,873,000

차량운반구			
✔	₩4,025,000	✔	₩4,025,000
	₩4,025,000		₩4,025,000
✔	₩4,025,000		

자본금			
✔	₩3,584,000	✔	₩3,584,000
	₩3,584,000		₩3,584,000
		✔	₩3,584,000

이익잉여금			
3/9	₩18,000	3/10	₩416,000
3/9	130,000	3/17	290,000
3/26	160,000	3/27	983,000
3/28	208,000		
✔	1,173,000		
	₩1,689,000		₩1,689,000
		✔	₩1,173,000

05 〈분개〉

(1) (차)	현 금	10,000		(대) (보통주)자본금	40,000
	차량운반구	10,000			
	비 품	15,000			
	소모품	5,000			
(2) (차)	임차료	2,000		(대) 현 금	2,000
	(또는 선급임차료)				
(3) (차)	현 금	10,000		(대) 매 출	10,000
(4) (차)	매출채권	20,000		(대) 매 출	20,000
(5) (차)	현 금	15,000		(대) 매출채권	15,000
(6) (차)	비 품	8,000		(대) 미지급금	8,000
(7) (차)	미지급금	6,000		(대) 현 금	6,000
(8) (차)	급 여	10,000		(대) 미지급급여	10,000
(9) (차)	미지급급여	10,000		(대) 현 금	10,000

⑽ (차) 수선유지비	2,000		(대) 현　금	2,000
⑾ (차) 전기료	5,000		(대) 미지급전기료	5,000

06 〈분개〉

⑴ (차) 현　　금	5,000	(대) 자본금	5,000
⑵ (차) 상　　품	8,000	(대) 매입채무	8,000
⑶ (차) 이익잉여금	270	(대) 현　　금	270
⑷ (차) 매출채권	5,000	(대) 상　　품	4,000
		이익잉여금	1,000
⑸ (차) 현　　금	2,500	(대) 매출채권	2,500
⑹ (차) 매입채무	2,000	(대) 현　　금	2,000
⑺ (차) 이익잉여금	100	(대) 미지급보험료	100
⑻ (차) 현　　금	5,000	(대) 차입금	5,000
⑼ (차) 비　　품	3,300	(대) 현　　금	3,300
⑽ (차) 현　　금	6,000	(대) 상　　품	4,000
		이익잉여금	2,000
⑾ (차) 이익잉여금	250	(대) 현　　금	250

07　⑴ 건물을 현금 ₩35,000을 지불하고 구입하였다.
　　⑵ 차입금 ₩22,000을 갚는 대신 주식을 지급했다.
　　⑶ 상품을 현금 ₩15,000을 지불하고 매입하였다.
　　⑷ 상품을 ₩6,500에 외상으로 판매하였는데 매출원가는 ₩4,000이었다.
　　⑸ 상품을 현금 ₩12,000을 받고 판매하였는데 매출원가는 ₩8,000이었다.
　　⑹ 매출채권(외상매출금) ₩3,000을 회수하였다.

현　금			상　품			건　물	
⑸ 12,000	⑴ 35,000		⑶ 15,000	⑷ 4,000		⑴ 35,000	
⑹ 3,000	⑶ 15,000			⑸ 8,000			

차입금			매출채권	
⑵ 22,000			⑷ 6,500	⑹ 3,000

이익잉여금			자본금	
	⑷ 2,500			⑵ 22,000
	⑸ 4,000			

08 (2) ₩2,400

(4) ₩ 480

09 〈분개〉

(1)	(차)	현　　금		45,000	(대)	(보통주)자본금	100,000
		차량운반구		35,000			
		비　　품		20,000			
(2)	(차)	상　　품		65,000	(대)	매입채무	65,000
		소모품		14,000		미지급금	14,000
(3)	(차)	선급임차료		5,200	(대)	현　　금	5,200
		임차료		4,800		선급임차료	4,800
(4)	(차)	현　　금		48,000	(대)	매　　출	98,000
		매출채권		50,000			
		매출원가		98,000		상　　품	98,000
(5)	(차)	현　　금		39,000	(대)	매출채권	39,000
(6)	(차)	매입채무		60,000	(대)	현　　금	60,000
(7)	(차)	급　　여		20,300		미지급급여	300
						현　　금	20,000
(8)	(차)	선급보험료		10,000	(대)	현　　금	10,000
		보험료		6,000	(대)	선급보험료	6,000
(9)	(차)	소모품비		3,600	(대)	소모품	3,600
(10)	(차)	수선유지비		2,000	(대)	현　　금	2,000
(11)	(차)	전기료		5,000	(대)	미지급전기료	5,000

04 회계의 순환과정(3): 거래의 조정

익힘 문제

01
- 수정분개: 기업회계는 발생기준에 의거하고 있으므로 차기 이후에 속하는 수익과 비용은 절대로 포함하여서는 안 된다. 따라서 회계기말에 당기에 속하는 부분과 기말 이후에 속하는 부분으로 정정해주는 분개를 수정분개라 한다.
- 회계기말에 수정분개하는 이유: 재무제표이용자에게 기업에 관한 판단과 의사결정에 도움이 되는 정확한 당기의 경영활동성과와 재무상태를 나타내는 재무제표를 작성하기 위하여 회계기말에 수정분개를 행한다.
- 수정분개가 필요한 거래유형
  ① 선급(선수)항목 — 선급비용(예: 선급보험료), 선수수익(예: 선수임대료)
  ② 발생항목 — 발생된 비용(예: 미지급급여), 발생된 수익(예: 미수이자)
  ③ 추정항목(예: 감가상각비, 대손상각비)

02 부채(미지급급여) 과소계상

03 수익, 비용계정은 임시계정이므로 이러한 임시계정을 소멸시키고 잔액을 집합손익계정으로 대체하기 위하여 기말에 결산분개를 한다.

04 임시계정: 회계기간 중에만 임시로 설정되었다가 회계기말에는 결산분개를 통하여 계정잔액이 0이 되는 계정을 말한다.
임시계정의 종류: 일정기간 동안의 손익계산서의 정보를 제공하기 위하여 사용되는 수익, 비용계정들과 집합손익계정, 배당금계정 등이 있다.

05 집합손익계정

06 이익잉여금계정(자본)

07 배당금은 비용이 아니라 이익의 처분이므로 이익잉여금계정을 감소시켜 마감한다.

08 0이 된다.

09 일정기간 동안에 발생한 모든 거래가 분개장을 통하여 총계원장의 각 계정에 바르게 전기되었으면, 대차평균의 원리에 의하여 모든 계정의 차변 합계와 대변 합계는 반드시 일치하게 된다. 이와 같은 원리에서 분개장에 기입된 모든 거래의 분개가 원장에 정확하게 전기되었는가를 조사하기 위하여 작성하는 표를 시산표(trial balance: T/B)라 한다.

10 정산표의 작성은 선택적이다. 즉, 정산표는 기말에 복잡한 결산과정을 하나의 표를 통하여 기록함으로써 기록상의 오류를 줄이기 위한 하나의 도구일 뿐이지 결산과정에서 반드시 수행해야 될 절차는 아니다. 그러므로 정산표는 수정분개를 원장계정에 전기하기 전에 작성하든지 또는 후에 작성되든지 상관없다. 그러나 일반적으로 정산표를 먼저 작성한 후 정산표의 수정기입란을 참조하여 수정분개를 행한다.

연습 문제

01 (1) (차) 급   여   5,000   (대) 미지급급여   5,000
　　 (2) (차) 집합손익   205,000   (대) 급   여   205,000

02 (1) (차) 보험료   4,700   (대) 선급보험료   4,700
　　 (2) (차) 보험료   4,000   (대) 선급보험료   4,000

03 (차) 미수이자   1,000   (대) 이자수익   1,000

04 (1) (차) 급   여   1,100   (대) 미지급급여   1,100
　　 (2) (차) 보험료   1,450   (대) 선급보험료   1,450
　　　 * 보험료 지급시 선급보험료 계정 이용

선급보험료		보 험 료	
✔　₩200	₩1,450 [발생분]	₩1,450	
2,000	✔　　750		
₩2,200	₩2,200		
✔　₩750			

　　　∴ 보험료＝₩2,200－₩750＝₩1,450

　　 (3) (차) 이자비용   4,000   (대) 미지급이자   4,000

* $\text{₩}200,000 \times 0.04 \times \dfrac{6}{12} = \text{₩}4,000$

(4) (차) 임차료   1,200   (대) 선급임차료   1,200

선급보차료

✔ ₩1,500	₩1,200	⟸ (₩1,500−300)	
	✔ 300		
₩1,500	₩1,500		
✔ ₩300			

05 (1) (차) 서비스수익   10,000   (대) 집합손익   12,000

       이자수익   2,000

   (2) (차) 집합손익   10,000   (대) 급 여   6,000

                                                     임차료   2,000

                                                    감가상각비   1,500

                                                     이자비용   500

06 (1)

선수임대료(부채)

임대료	₩43,000	전기이월	₩20,000
차기이월	500	현금유입액	₩23,500
	₩43,500		₩43,500
		전기이월	₩500

미수임대료(자산)

전기이월	₩750	현금유입	₩6,500
임대료	6,550	차기이월	800
	₩7,300		₩7,300

∴ 20×2년도 임대료: ₩43,000+6,550=₩₩49,550

(2) 〈기중거래분개〉   (차) 현 금   23,500   (대) 선수임대료   23,500

                     (차) 현 금   6,500   (대) 미수임대료   750

                                                         임대료   5,750

기말수정분개는 다음과 같다.

〈기말수정분개〉   (차) 선수임대료   43,000   (대) 임대료   43,000

                     (차) 미수임대료   800   (대) 임대료   800

07 (1)

선급비용(자산)

기 초	₩23,000	영업비용	₩55,200
현금지급	50,000	기 말	17,800
	₩73,000		₩73,000

∴ 20×2년도 영업비용: ₩55,200

(2)

미지급법인세(부채)

현금지급	₩92,000	기　　초	₩36,500
기　　말	40,300	법인세발생	95,800
	₩132,300		₩132,300

∴ 20×2년도 법인세: ₩95,800

＊ 현금기준에서 발생기준으로 전환문제

08 〈분개〉

(1)	(차) 현　　금	100,000		(대) (보통주)자본금	100,000
(2)	(차) 상　　품	85,000		(대) 매입채무	85,000
	소모품	6,000		미지급금	6,000
(3)	(차) 임차료	6,500		(대) 현　　금	6,500
	선급임차료	500		임차료	500
(4)	(차) 현　　금	57,000		(대) 매　　출	117,000
	매출채권	60,000			
(5)	(차) 현　　금	47,000		(대) 매출채권	47,000
(6)	(차) 매입채무	82,000		(대) 현　　금	82,000
(7)	(차) 급　　여	25,500		(대) 현　　금	25,000
				미지급급여	500
(8)	(차) 보험료	3,000		(대) 현　　금	3,000
	선급보험료	1,800		보험료	1,800
(9)	(차) 소모품비	4,200		(대) 소모품	4,200
(10)	(차) 매출원가	70,000		(대) 상　　품	70,000
(11)	(차) 현　　금	50,000		(대) 사　　채	50,000
	이자비용	1,750		미지급이자	1,750

$$＊\,50,000 \times 0.07 \times \frac{6}{12} = ₩1,750$$

(12)	(차) 법인세비용	1,837		(대) 미지급법인세	1,837

현　금				상　품				소모품				매입채무			
(1)	100,000	(3)	6,500	(2)	85,000	(10)	70,000	(2)	6,000	(9)	4,200	(6)	82,000	(2)	85,000
(4)	57,000	(6)	82,000			✔	15,000								
(5)	47,000	(7)	25,000		미지급금										
(11)	50,000	(8)	3,000			(2)	6,000								

임차료		선급임차료		매출채권		매 출	
(3) 6,500	(3) 500	(3) 500		(4) 60,000	(5) 47,000		(4) 117,000

급 여		미지급급여		(보통주)자본금		사 채	
(7) 25,500			(7) 500		(1) 100,000		(11) 50,000

보험료		선급보험료		소모품비		매출원가	
(8) 3,000	(8) 1,800	(8) 1,800		(9) 4,200		(10) 70,000	

이자비용		미지급이자		법인세비용		미지급법인세	
(11) 1,750			(11) 1,750	(12) 1,837			(12) 1,837

09 (1), (2)

매 출		이자수익		이자비용		미수이자	
① 100,000	100,000	② 5,000	5,000	3,000	③ 3,000	2,500	

미지급이자		매출원가		관리비		판매비	
	1,500	60,000	④ 60,000	12,000	⑤ 12,000	80,000	⑥ 80,000

법인세비용		법인세비용		이익잉여금		집합손익	
10,000	⑦ 10,000	10,000	⑦ 10,000		75,000	③ 3,000	① 100,000
					⑧ 12,000	④ 60,000	② 5,000
						⑤ 12,000	
						⑥ 80,000	
						⑦ 10,000	⑧ 60,000
							165,000

－결산분개－

① (차) 매　　출	100,000	(대) 집합손익	100,000
② (차) 이자수익	5,000	(대) 집합손익	5,000
③ (차) 집합손익	3,000	(대) 이자비용	3,000
④ (차) 집합손익	60,000	(대) 매출원가	60,000
⑤ (차) 집합손익	12,000	(대) 관리비	12,000
⑥ (차) 집합손익	80,000	(대) 판매비	80,000
⑦ (차) 집합손익	10,000	(대) 법인세비용	10,000
⑧ (차) 이익잉여금	60,000	(대) 집합손익	60,000

10
(1) (차) 집합손익	2,300	(대) 매출원가	2,300
(2) (차) 집합손익	500	(대) 법인세비용	500

PRINCIPLES OF ACCOUNTING

(3) (차) 집합손익	90	(대) 임차료	90
(4) (차) 집합손익	75	(대) 급 여	75
(5) (차) 매 출	3,500	(대) 집합손익	3,500
(6) (차) 집합손익	535	(대) 이익잉여금	535

집합손익

(1)	2,300	(5)	3,500
(2)	500		
(3)	90		
(4)	75		
(6)	⟨535⟩		
			3,500

이익잉여금

			100
		(6)	535

11

(1)

① 계정설정

현 금

전기이월	86,500	c. 임차료	12,000
e. 매출채권	43,800	d. 급여, 미지급급여	18,700
		f. 매입채무	53,200
	130,300	g. 잡비	3,200
전기이월	43,200	차기이월	43,200
			130,300

매출채권

전기이월	54,500	e. 현금	43,800
a. 매출	110,000	차기이월	120,700
	164,500		164,500
전기이월	120,700		

상 품

전기이월	136,300	k. 매출원가	63,200
b. 매입채무	68,400	차기이월	141,500
	204,700		204,700
전기이월	141,500		

미지급이자

차기이월	100	j. 이자비용	100
	100		100
		전기이월	100

매출원가

k. 상품	63,200	m. 집합손익	63,200

선급보험료

전기이월	800	h. 보험료	100
		차기이월	700
	800		800
전기이월	700		

토 지

전기이월	254,000	차기이월	254,000
	254,000		254,000
전기이월	254,000		

매입채무

f. 현금	53,200	전기이월	66,300
	81,500	b. 상품	68,400
	134,700		134,700
		전기이월	81,500

단기차입금

차기이월	10,000	전기이월	10,000
	10,000		10,000
		전기이월	10,000

미지급급여

d. 현금	2,500	전기이월	2,500
차기이월	3,300	i. 급여	3,300
	5,800		5,800
		전기이월	3,300

자본금

차기이월	300,000	전기이월	300,000
	300,000		300,000
		전기이월	300,000

이익잉여금

차기이월	165,200	전기이월	153,300
		n.집합손익	11,900
	165,200		165,200
		전기이월	165,200

집합손익

m.매출원가	63,200	l.매출	110,000
임차료	12,000		
급여	19,500		
잡비	3,200		
보험료	100		
이자비용	100		
n.이익잉여금			
	11,900		
	110,000		110,000

매출

m.집합손익	110,000	a.매출채권	100,000

급여

d.	16,200	m.집합손익	19,500
i.	3,300		
	19,500		19,500

잡비

g.현금	3,200	m.집합손익	3,200
	3,200		3,200

이자비용

j.미지급이자	100	m.집합손익	100
	100		100

보험료

h.선급보험료	100	m.집합손익	100
	100		100

임차료

c.현금	12,000	m.집합손익	12,000
	12,000		12,000

② 10월 중의 거래내용 분개

a. (차) 매출채권   110,000   (대) 매 출   110,000

b. (차) 상 품   68,400   (대) 매입채무   68,400

c. (차) 임차료   12,000   (대) 현 금   12,000

d. (차) ┌미지급급여   2,500   (대) 현 금   18,700
      └급 여   16,200

e. (차) 현 금   43,800   (대) 매출채권   43,800

f. (차) 매입채무   53,200   (대) 현 금   53,200

g. (차) 잡 비   3,200   (대) 현 금   3,200

h. (차) 보험료   100   (대) 선급보험료   100   (← 800÷8＝₩100)

i. (차) 급 여   3,300   (대) 미지급급여   3,300

j. (차) 이자비용   100   (대) 미지급이자   100 $(← ₩10,000×0.12×\frac{60}{360}×\frac{1}{2} ＝₩100)$

k. (차) 매출원가   63,200   (대) 상 품   63,200

③ 결산분개

l. (차) 매　출　110,000　　(대) 집합손익　110,000

m. (차) 집합손익　98,100　　(대) 매출원가　63,200

　　　　　　　　　　　　　　　임차료　63,200

　　　　　　　　　　　　　　　급　여　12,000

　　　　　　　　　　　　　　　잡　비　3,200

　　　　　　　　　　　　　　　보험료　100

　　　　　　　　　　　　　　　이자비용　100

n. (차) 집합손익　11,900　　(대) 이익잉여금　11,900

(2)

재무상태표

신촌주식회사	20×1년 10월 31일 현재		(단위: 원)
현　금	₩43,200	매입채무	₩81,500
매출채권	120,700	단기차입금	10,000
선급보험료	700	미지급이자	100
상　품	141,500	미지급급여	3,300
토　지	254,000	자본금	300,000
		이익잉여금	165,200
	₩ 560,100		₩ 560,100

12 (1) 수정기입사항 수정분개

① (차) 보험료　3,000　　(대) 선급보험료　3,000

② (차) (점포용)소모품비　1,200　　(대) 점포용소모품　1,200

③ (차) (사무용)소모품비　1,200　　(대) 사무용소모품　1,200

④ (차) 임차료　2,000　　(대) 선급임차료　2,000

(2) 결산분개

① (차) 매　출　25,000　　(대) 집합손익　25,000

② (차) 집합손익　17,400　　(대) 매출원가　6,500

　　　　　　　　　　　　　　　급　여　2,000

　　　　　　　　　　　　　　　광고비　700

　　　　　　　　　　　　　　　급　여　800

　　　　　　　　　　　　　　　보험료　3,000

　　　　　　　　　　　　　　　점포용소모품비　1,200

　　　　　　　　　　　　　　　사무용소모품비　1,200

　　　　　　　　　　　　　　　임차료　2,000

③ (차) 집합손익　　　　7,600　　(대) 이익잉여금　　7,600
　　　(당기순이익)

(3) 정산표

이익잉여금(기초)	수정전시산표		수정기입		수정후시산표		손익계산서		재무상태표	
	차변	대변	차변	대변	차변	대변	차변	대변	차변	대변
현　　　금	10,000				10,000				10,000	
매 출 채 권	30,000				30,000				30,000	
선급보험료	4,000			① 3,000	1,000				1,000	
점표용소모품	1,500			② 1,200	300				300	
사무용소모품	1,600			③ 1,200	400				400	
선급임차료	6,000			④ 2,000	4,000				4,000	
비　　　품	20,000				20,000				20,000	
매 입 채 무		10,000				10,000				10,000
보통주자본금		30,000				30,000				30,000
이익잉여금(기초)		18,100				18,100				18,100
매　　　출		25,000				25,000		25,000		
매 출 원 가	6,500				6,500		6,500			
판매원급여	2,000				2,000		2,000			
광 고 비	700				700		700			
사무원급여	800				800		800			
	83,100	83,100								
임 차 료			④ 2,000		2,000		2,000			
보 험 료			① 3,000		3,000		3,000			
점포용소모품비			② 1,200		1,200		1,200			
사무용소모품비			③ 1,200		1,200		1,200			
			7,400	7,400	83,100	83,100	17,400	25,000	65,700	58,100
당기순이익							7,600			7,600
							25,000	25,000	65,700	65,700

(4)

재무상태표

신촌주식회사	20×1년 10월 31일 현재		(단위: 원)
현 금	₩ 10,000	매입채무	₩ 10,000
매출채권	30,000	자본금	30,000
선급보험료	1,000	이익잉여금	25,700*
선급임차료	4,000		
점포용소모품	300		
사무용소모품	400		
비 품	20,000		
	₩ 65,700		₩ 65,700

*	기초이익잉여금	₩18,100
+)	당기순이익	7,600
	기말이익잉여금	₩25,700

13 (1)

01/25	(차) 현 금	200,000	(대) 매출채권	200,000		
02/27	(차) 상 품	300,000	(대) 매입채무	300,000		
03/07	(차) 현 금	500,000	(대) 매 출	500,000		
05/11	(차) 매입채무	250,000	(대) 현 금	250,000		
07/01	(차) 선급보험료	60,000	(대) 현 금	60,000		
09/12	(차) 소모품비	50,000	(대) 현 금	50,000		
10/05	(차) 현 금	300,000	(대) 매 출	300,000		
12/01	(차) 임차료	200,000	(대) 현 금	200,000		

현 금

전기이월	300,000	매입채무	250,000
매출채권	200,000	선급보험료	60,000
매 출	500,000	소모품비	50,000
매 출	300,000	임차료	200,000
		차기이월	740,000
	1,300,000		1,300,000
전기이월	740,000		

매출채권

전기이월	500,000	현금	200,000
		차기이월	300,000
	500,000		500,000
전기이월	300,000		

상 품

전기이월	600,000	매출원가	450,000
매입채무	300,000	차기이월	450,000
	900,000		900,000
전기이월	450,000		

단기차입금

차기이월	400,000	전기이월	400,000
	400,000		400,000
		전기이월	400,000

미지급이자

차기이월	50,000	이자비용	50,000
	50,000		50,000
		전기이월	50,000

자 본 금

전기이월	500,000	전기이월	500,000
	500,000		500,000
			500,000

매입채무

매입채무	250,000	전기이월	200,000
차기이월	250,000	상품	300,000
	500,000		500,000
		전기이월	250,000

임 차 료

현금	200,000	집합손익	200,000
	200,000		200,000

이익잉여금

집합손익	10,000	전기이월	350,000
차기이월	340,000		
	350,000		350,000

선급보험료

현금	60,000	보험료	30,000
		차기이월	30,000
	60,000		60,000
전기이월	30,000		

매 출

집합손익	800,000	현금	500,000
		현금	300,000
	800,000		800,000

매출원가

상품	450,000	집합손익	450,000
	450,000		450,000

보 험 료

선급보험료	30,000	집합손익	30,000
	30,000		30,000

집합손익

매출원가	450,000	매출	800,000
보험료	30,000	이익잉여금	10,000
소모품비	80,000		
임차료	200,000		
이자비용	50,000		
	810,000		810,000

소모품비

현금	50,000	집합손익	80,000
소모품	30,000		
	80,000		80,000

소 모 품

전기이월	50,000	소모품비	30,000
		차기이월	20,000
	50,000		50,000
전기이월	20,000		

이자비용

미지급이자	50,000	집합손익	50,000
	50,000		50,000

(2) 기말수정분개

①	(차) 보험료	30,000	(대) 선급보험료	30,000
②	(차) 소모품비	30,000	(대) 소모품	30,000
③	(차) 매출원가	450,000	(대) 상 품	450,000
④	(차) 이자비용	50,000	(대) 미지급이자	50,000

(3) 결산분개

①	(차) 매 출	800,000	(대) 집합손익	800,000

② (차) 집합손익 810,000 (대) 매출원가 450,000
　　　　　　　　　　　　　　　　　보험료 30,000
　　　　　　　　　　　　　　　　　소모품비 80,000
　　　　　　　　　　　　　　　　　임차료 200,000
　　　　　　　　　　　　　　　　　이자비용 50,000
③ (차) 이익잉여금 10,000 (대) 집합손익 10,000

(4)
재무상태표

백양주식회사	20×1년 12월 31일 현재		(단위: 원)
현　금	₩740,000	매입채무	₩250,000
매출채권	300,000	단기차입금	400,000
선급보험료	30,000	미지급이자	50,000
상　품	450,000	자본금	500,000
소모품	20,000	이익잉여금	340,000*
	₩ 1,540,000		₩ 1,540,000

　* 기말이익잉여금＝기초이익잉여금±당기순이익(손실)－배당금
　　　　　　　　　＝₩350,000－₩10,000(당기순손실)＝₩340,000

14　(상황 1) (차) 소모품 100,000 (대) 소모품비 100,000
　　(상황 2) (차) 보험료 40,000 (대) 선급보험료 40,000

15　(1)

실수	자산에 대한 영향	부채에 대한 영향	자본에 대한 영향	당기순이익에 대한 영향
1)	무영향	과소	과대	과대
2)	과대	무영향	과대	과대
3)	무영향	과대	과소	과소
4)	과대	무영향	과대	과대

(2) 당기순이익이 ₩300,000원만큼 과소
　　이자비용 ₩200,000 과대(＋)
　　이자비용 ₩350,000 과대(＋)
　　이자수익 ₩900,000 과소(－)
　　소모품비 ₩50,000 과대(＋)
　　총 ₩300,000원 만큼 당기순이익을 과소 계상하는 순효과 미침.

(3) 자산이 ₩400,000원만큼 과대

　　부채가 ₩700,000원만큼 과대

　　자산 과대 : 선급이자 ₩350,000원만큼 과대 + 소모품 ₩50,000원만큼 과대

　　부채 과대 : 미지급이자 ₩200,000원만큼 과소 + 선수이자 ₩900,000원만큼 과대

(4) ① (차) 이자비용　　 200,000　　　 /　　 (대) 미지급이자　　 200,000

　　② (차) 이자비용　　 350,000　　　 /　　 (대) 선급이자　　　 350,000

　　③ (차) 선수이자　　 900,000　　　 /　　 (대) 이자수익　　　 900,000

　　④ (차) 소모품비　　　 50,000　　　 /　　 (대) 소모품　　　　　 50,000

16 (1) 손익계산서상에 보고될 임대료＝₩2,500,000원

　　계산근거 : 미수임대료와 선수임대료의 계정변화에 기초하여 산정함

　　임대료＝현금으로 받은 임대료＋(미수임대료기말−미수임대료기초)＋

　　　　　　 (선수임대료기초−선수임대료기말)

　　　　＝현금으로 받은 임대료＋미수임대료의 증가＋선수임대료의 감소

　　　　＝₩2,000,000＋₩300,000＋₩200,000＝₩2,500,000원

(2) 손익계산서상에 보고될 소모품비＝₩300,000원

　　계산근거 : 소모품의 계정변화에 기초하여 소모품 사용액을 산출하여 현금지출비용을

　　　　　　　 더함

　　소모품비＝현금으로 지출한 소모품비＋소모품사용액

　　　　　＝현금으로 지출한 소모품비＋(소모품 기초−소모품 기말)

　　　　　＝₩50,000＋(₩950,000−₩700,000)＝₩300,000원

(3) 손익계산서상에 보고될 이자비용＝₩1,300,000원

　　계산근거 : 미지급이자와 선급이자의 계정변화에 기초하여 산정함

　　이자비용＝현금으로 지급한 이자비용＋(미지급이자기말−미지급이자기초)

　　　　　　 ＋(선급이자기초−선급이자기말)

　　　　　＝현금으로 지급한 이자비용＋미지급이자의 증가＋선급이자의 감소

　　　　　＝₩900,000＋₩300,000＋₩100,000＝₩1,300,000원

(4) 발생기준에 기초한 당기손익에 미치는 영향(금액)＝900,000원

　　계산근거 : 수익−비용＝당기손익에 미치는 영향

　　임대료−(소모품비＋이자비용)＝임대료−소모품비−이자비용

　　　　＝₩2,500,000−(₩300,000＋₩1,300,000)＝₩2,500,000−₩1,600,000

　　　　＝₩900,000원

17 〈분개〉

(1) 7/1	(차) 현 금	100,000		(대) 비 품	100,000
7/5	(차) 현 금	120,000		(대) 매출채권	120,000
7/10	(차) 차입금	100,000		(대) 현 금	110,000
	이자비용	10,000			
7/15	(차) 매출채권	150,000		(대) 매 출	150,000
7/18	(차) 미지급금	30,000		(대) 현 금	30,000
7/25	(차) 급 여	60,000		(대) 현 금	60,000
7/31	(차) 임차료	30,000		(대) 현 금	50,000
	광고선전비	20,000			

(2) 원장전기 생략

(3) 시산표 작성(7.31)

시 산 표

현 금	₩170,000	미지급금	₩40,000
매출채권	210,000	차입금	50,000
비 품	230,000	자본금	400,000
급 여	160,000	매 출	450,000
광고선전비	70,000		
임차료	90,000		
이자비용	10,000		
총 계	₩940,000	총 계	₩940,000

18 1. 오류사항

(분개 1) 선수이자를 제거함.

(분개 2) 임대료를 제거하고 분개 1에 포함시킴.

(분개 3) 집합손익은 이익잉여금으로 대체됨.

2. 오류수정사항이 반영된 마감분개

(분개 1) 대변잔액을 마감하기 위한 분개

(차) 매 출	147,000	(대) 집합손익	180,000
배당금수익	13,000		
임대료	20,000		

(분개 2) 차변잔액을 마감하기 위한 분개

(차) 집합손익	130,000	(대) 급 여	100,000
		광고비	10,000
		감가상각비	20,000

(분개 3) 집합손익 계정을 마감하기 위한 분개
(차) 집합손익   50,000   (대) 이익잉여금   50,000

05 재무상태표

익힘 문제

01 재무상태표는 특정시점에서의 기업의 재무상태, 즉 자산·부채·자본의 상태를 나타낸다.

02 기업의 재무상태는 재무상태표를 통하여 자산·부채·자본의 관계로 표시되며, 재무상태표의 차변에는 자산항목을, 대변에는 부채와 자본을 표시하여 회계방정식과 동일한 구조로 나타낸다.

03 자산이란 기업이 미래의 경제적 효익 또는 가치를 위하여 과거의 거래 혹은 경제적 사건의 결과 획득한 화폐단위로 측정가능한 재산과 서비스를 받을 권리이다.

04 회사의 이미지나 경영자의 경영능력 등은 미래잠재용역을 가지고 있으나 자산으로 기록되지 않는다. 왜냐하면 이들은 화폐가치로 객관적이고 신뢰성있게 측정될 수 없기 때문이다.

05 화폐성자산이란 교환가치를 가지고 있는 자산을 말하며 현금, 매출채권(외상매출금, 받을어음), 현금관리를 위하여 임시적으로 보유하고 있는 유가증권 등이 이에 속한다. 비화폐성 자산이란 사용가치로 표시되며 회사가 미래에 수익을 창출하는 데 도움을 받기 위하여 획득하는 자산으로 재고자산, 토지, 건물 등이 이에 속한다.

06 유동자산: 현금 및 현금성자산, 단기투자자산, 매출채권, 재고자산 등.
비유동자산: 투자자산(투자부동산, 장기투자증권), 유형자산(토지, 설비자산), 무형자산(영업권), 기타비유동자산(임차보증금).
유동자산과 비유동자산을 분류하는 기준은 일반적으로 1년 또는 1회의 경영활동의 순환과정이다.

07 원가란 자산을 획득하기 위하여 소비된 원가 또는 포기된 수익, 희생된 경제적 가치를 말한다. 원가는 소멸되어 최종적으로 비용이 된다. 그러므로 원가와 관련하여 자산을 설명하면 자산은 미소멸원가라고 하겠다.

08 지분이란 자산의 원천을 나타내는 것으로 특정집단 또는 개인이 기업에 투자한 금액 또는 기업에 대한 청구권을 말하며 부채와 자본으로 세분된다.

09 부채는 미래에 현금을 지출하거나, 다른 자산을 제공하거나, 서비스를 제공해야 할 의무이다. 부채에는 미지급비용, 매입채무(외상매입금, 지급어음), 차입금, 선수금, 사채 등이 있다.

10 이익잉여금은 영업활동으로부터 발생한 이익을 회사내에 유보시킴으로써 증가된 잉여금으로, 증자활동, 감자활동 및 기타 자본과 관련된 자본거래에서 발생한 자본잉여금과는 구별된다.

11 ① 재무상태표는 기업의 자산과 부채를 역사적 원가로 평가하므로 기업 그 자체의 현행가치를 나타내지 못한다.
  ② 기업에 가치있는 것임에도 불구하고 화폐가치로 환산할 수 없기 때문에 자산으로 표시되지 않는 것이 있다. (예: 인적자산)
  ③ 재무상태표는 특정시점만의 재무상태밖에 나타내지 못한다.

12 (1) 자산으로 기록되지 않음: 상품을 인도하여야 할 의무가 발생한 것이므로 자산이 아니라 부채로 기록
  (2) 자산으로 기록하지 않음: 계약은 미래에 수익을 가져오지 못하므로 자체만으로는 자산이 아님.
  (3) 자산으로 기록하지 않음: 화폐가치로 측정이 어려움.
  (4) 자산으로 기록함: 운송차량은 미래에 수익을 가져옴.
  (5) 자산으로 기록하지 않음: 화폐가치로 측정이 어려움.
  (6) 자산으로 기록하지 않음: 화폐가치로 측정이 어려움.

13 (1) 부채로 기록함: 기업이 지급하여야 할 의무임.
  (2) 수리해야 할 특별한 손상이 발생하여 경제적 효익을 갖는 자원의 유출이 기대되지 않는 한 부채로 기록하지 않음.
  (3) 부채로 기록함: 기업이 지급하여야 할 의무임.
  (4) 부채로 기록함: 우발채무와 관련된 사항으로 부채가 발생할 가능성이 거의 확실하며 그 금액을 합리적으로 추정가능하므로 판매가 이루어진 연도에 부채로 인식함.

(5) 부채로 기록하지 않음: 주식은 상환할 것이 아니므로 지급의무가 아님.

(6) 부채로 기록함: 상품을 인도해야 할 의무가 발생.

(7) 부채로 기록함: 건물을 빌려주어야 할 의무가 발생.

14　(1) 부채 ──── 선급금　　　　　(2) 자산 ──── 고객예금

　　(3) 부채 ──── FVPL금융자산, FVOCI금융자산, AC금융자산

　　(4) 자산 ──── 미지급이자　　　　(5) 자산 ──── 선수보험료

　　(6) 부채 ──── 선급임차료

연습 문제

01　① a=₩3,100,000원

　　기말자본(₩5,000,000)=기초자본(₩2,800,000)+(출자 ₩800,000)+(a−비용 ₩1,500,000)
　　　　　　−배당금(₩200,000)

　　② b=₩3,200,000원

　　기말자본(x)=기초자본(₩5,000,000)+출자(₩500,000)+순이익(₩600,000)
　　　　　　−배당금(₩300,000)=₩5,800,000원

　　b=기말자산(₩9,000,000)−기말자본(₩5,800,000)=₩3,200,000원

　　③ c=₩1,700,000원

　　기말자본(₩9,000,000)=기초자본(₩5,500,000)+출자(c)+순이익(₩2,200,000)
　　　　　　−배당금(₩400,000)

　　④ d=₩11,300,000원

　　기말자본(₩9,000,000)=기초자본(x)+출자(₩2,000,000)+순이익(₩2,000,000)
　　　　　　−배당금(₩300,000)

　　기초자본(x)=₩5,300,000원

　　d=기초자본(₩5,300,000)+기초부채(₩6,000,000)=₩11,300,000원

02　당기순이익=수익총액(₩2,800,000)−비용총액(₩2,300,000)=₩500,000

　　기초자본=기초자산(₩10,000,000)−기초부채(₩3,500,000)=₩6,500,000

　　자본금=기초자본(₩6,500,000)−이익잉여금(₩500,000)=₩6,000,000

　　기말자산총액=기초자본(₩6,500,000)+당기순이익(₩500,000)+기말부채(₩3,500,000)
　　　　　　=₩10,500,000

03 기말자산－₩50,000,000(기말부채)＝₩80,000,000(기말순자산＝기말자본)

∴기말자산＝₩130,000,000

∴기초자산＝₩130,000,000－₩30,000,000＝₩100,000,000

기초자본＝₩100,000,000(기초자산)－₩60,000,000(기초부채)＝₩40,000,000

₩80,000,000(기말자본)＝₩40,000,000(기초자본)＋당기순이익＋₩30,000,000(증자)

∴당기순이익＝₩10,000,000

04 ②

05 기초재무상태표 계정잔액의 단위는 "천원"이고 기중거래자료의 단위는 "원". 다음의 분개는 "원"단위임에 주의할 것

(1) (차) 매출채권　　8,000,000　　(대) 매　　출　　8,000,000
　　　매출원가　　4,500,000　　　　상　　품　　4,500,000

(2) (차) 현　　금　　6,000,000　　(대) 매출채권　　6,000,000

(3) 분개하지 않음(회계 거래가 아님)

(4) (차) 상　　품　　3,000,000　　(대) 현　　금　　3,000,000

(5) (차) 비　　품　　1,000,000　　(대) 현　　금　　1,000,000
　　　소 모 품　　1,000,000　　　　미지급금　　1,000,000

(6) 분개하지 않음(회계 거래가 아님)

(7) (차) 상　　품　　2,000,000　　(대) 매입채무　　2,000,000

(8) (차) 토　　지　　10,000,000　　(대) 미지급금　　25,000,000
　　　투자부동산　15,000,000

(9) (차) 현　　금　　2,000,000　　(대) 단기차입금　2,000,000

(10) (차) 급　　여　　1,200,000　　(대) 현　　금　　1,100,000
　　　　　　　　　　　　　　　　　미지급급여　　100,000

(11) (차) 이익잉여금　　400,000　　(대) 현　　금　　400,000

재무상태표

(주) 경영	20×1년 12월 31일 현재		(단위: 천원)
〈자산〉		〈부채〉	
현 금	₩ 7,500	매입채무	₩ 8,000
매출채권	12,000	단기차입금	2,000
상 품	8,500	미지급금	27,000
소모품	1,000	미지급급여	100
선급보험료	12,000	장기차입금	57,000
투자부동산	15,000	부채총계	94,100
토 지	10,000	〈자본〉	
건 물	111,000	자본금	100,000
차량운반구	20,000	이익잉여금	3,900
비 품	1,000	자본총계	103,900
	₩198,000		₩198,000

06 ₩760,000

자본 증가＝자산증가−부채 증가＝₩4,670,000−₩2,190,000＝₩2,480,000

＝자본금 증가＋기타포괄손익누계액 증가＋이익잉여금 증가

＝₩1,850,000＋₩500,000＋당기순이익−₩630,000

∴당기순이익＝₩760,000

07 (1) T

(2) F : 상계하여 순액으로 보고하는 것이 아니라 매출채권과 매입채무 총액으로 각각 보고하여야 함.

(3) T

(4) F : 이익잉여금에 반영됨.

(5) F : 1년 기준이라 함은 재무상태표 작성일(＝보고기간말, 결산일) 기준임에 유의할 것.

(6) T

(7) T

(8) T

08 ① ─── (2)   ② ─── (3)   ③ ─── (1)   ④ ─── (4)   ⑤ ─── (1)

⑥ ─── (1)   ⑦ ─── (1)   ⑧ ─── (1)   ⑨ ─── (2)   ⑩ ─── (1)

⑪ ─── (1)   ⑫ ─── (3)   ⑬ ─── (3)

09

(1)

재무상태표

신촌주식회사	20×1년 12월 31일 현재			(단위: 원)
현　　금	₩127,500	매입채무		₩ 30,000
FVPL금융자산	10,000	미지급급여		60,000
매출채권	40,000	사　　채		150,000
선급비용	1,000	자본금		50,000
상　　품	80,000	이익잉여금		48,000
토　　지	20,000			
건　　물	60,000			
	₩338,000			₩338,000

(2)

재무상태표

신촌주식회사	20×1년 12월 31일 현재			(단위: 원)
현　　금	₩106,000	매입채무		₩ 10,000
FVPL금융자산	35,000	미지급급여		3,000
매출채권	30,000	미지급법인세		20,000
선급비용	2,000	사　　채		50,000
상　　품	40,000	자본금		40,000
FVOCI금융자산	15,000	이익잉여금		175,000
토　　지	10,000			
건　　물	60,000			
	₩298,000			₩298,000

(3)

		재무상태표		
신촌주식회사		20×1년 12월 31일 현재		(단위: 원)
현　금	₩20,000	매입채무		₩10,000
FVPL금융자산	10,000	미지급이자		1,000
매출채권	15,000	미지급배당금		4,000
상　품	18,000	사　채		53,000
저장품	2,000	자본금		100,000
장기대여금	40,000	주식발행초과금		9,000
토　지	10,000	이익잉여금		10,000
기계장치	60,000			
영업권	12,000			
	₩187,000			₩187,000

10　① 20×1.12.31.의 자본총계: ₩1,300,000 − ₩60,000 = ₩70,000

　　② 20×2.12.31.의 자본총계: ₩700,000 + ₩100,000 + ₩50,000
　　　　　　　　　　　　　= ₩850,000

　　③ 20×2.12.31.의 부채총계: ₩1,500,000 − ₩850,000 = ₩650,000　∴650,000

11　(1) 자본: ₩91,000 − ₩48,000 = ₩43,000

　　(2) 5년간의 순이익: 16,000 × 5 = ₩80,000

　　　　5년간의 총배당　　　　　　　　　　　(63,850)

　　　　영업성과로 인한 자본증가액　　　　　₩16,150

　　　∴ 발행된 보통주 = ₩43,000 − ₩16,150 = ₩26,850

12　(1) 현재의 자본총액: ₩1,000,000 − ₩600,000 = ₩400,000

　　　　영업성과로 인한 자본증가액: ₩400,000 − ₩100,000 = ₩300,000

　　　∴ 총이익 − 배당 = 자본증가액

　　　　총이익 − ₩800,000 = ₩300,000

　　　　총이익 = ₩1,100,000

　　(2) 영업성과로 인한 자본증가액: ₩400,000 − ₩700,000 = − ₩300,000

　　　　즉 벌어들인 이익보다 배당액이 ₩300,000만큼 많음.

　　　∴ 총이익 = ₩800,000 − ₩300,000 = ₩500,000

06 수익인식과 포괄손익계산서

익힘 문제

01　① 수익: 수익이란 일정기간 동안에 기업이 산출한 재화나 용역을 고객에게 인도한 가격의 총이다.

② 비용: 비용이란 수익을 획득하는 과정에서 나타나는 재화나 용역의 사용(using) 또는 소비(consuming)를 말한다.

③ 순이익: 수익에서 비용을 차감한 이후의 금액

④ 회계기간: 계속기업의 전제하에 기업손익을 계산하기 위하여 기업의 계속적인 활동과정을 1개년 또는 6개월 등으로 기간을 인위적으로 구분하게 되는데 이 기간을 회계기간이라 한다.

⑤ 사업주기연도(business cycle year): 이익창출활동이 실질적으로 완료되는 시점을 기준으로 회계기간을 설정할 때 이를 사업주기연도라 한다.

⑥ 발생주의: 수익을 인식하는 시점에 관한 것인데 발생주의(accrual basis of accounting)에서는 이익창출활동과 관련하여 결정적 사건 또는 거래가 발생될 때 수익을 인식한다.

⑦ 현금주의: 현금주의(cash basis of accounting)에서는 상품의 판매 또는 서비스의 제공에 의한 수익을 고객이 이에 대한 대금으로 현금으로 지급한 회계기간에서 인식한다.

⑧ 보수주의: 자산과 수익에 대한 가능한 가치액들 중의 최저치와 부채의 비용에 대한 가능한 가치액들 중의 최대치를 보고하는 원칙을 말한다.

⑨ 소멸되지 않은 원가: 자산을 소멸되지 않은 원가라 한다.

⑩ 소멸원가: 비용을 소멸된 원가라 한다.

⑪ 제품원가: 재화를 생산하기 위한 생산요소는 기업에 효익을 제공할 수 있는 용역잠재력을 가지고 있지 않으면 안 된다. 이들 용역잠재력이 원가에 의해서 측정될 때, 이를 제품원가라고 한다.

⑫ 기간원가: 특정한 제품단위나 수익거래 또는 특정한 미래의 회계기간에 직접 관련시킬 수 없는 원가를 기간원가라 한다.

⑬ 수익・비용대응의 원칙: 경영활동에 따라 나타나는 수익과 비용의 흐름으로부터 일정기간을 기준으로 상호 관련있는 비용과 수익을 한정하여 이들을 합리적으로 대응시키게 된다. 이 때 실현수익과 발생비용을 동일기간에 관련시킨다는 원칙이 수익비용대응의 원칙이다.

02 ① 회계기간의 필요성: 기업활동은 영속성을 전제로 이루어지는데 정보이용자들의 의사결정은 수시로 행해지므로 만일 회계기간이 없다면 손익계산서, 현금흐름표 등의 기간성과 보고서 있을 수 없다.

② 단기일 때의 단점: 정보비용(재무제표 작성비용 등)의 증가로 재무제표에 대한 비율분석 무의미해짐.

③ 장기일 때의 단점: 정보의 목적적합성과 신뢰성 하락.

03 수익은 고객에게 상품 또는 서비스를 제공한 경우에 유입된 자산을 말하고, 현금수입은 고객이 이에 대한 대금으로 현금을 지급한 것을 말한다.

일치하는 경우: 상품을 현금 받고 판매하였을 경우

04 비용은 수익을 획득하는 과정에서 나타나는 재화나 용역의 사용 또는 소비인데, 현금지출은 이것에 따른 현금지출이다.

일치하는 경우: 원재료를 매입할 때, 현금으로 지급한 경우

05 ① 없음(4월에 모두 수익으로 인식됨) ② ₩3,600
③ ₩5,400 ④ ₩600

06 (1), (5)

07 제품원가: ① ② ⑤ ⑦ ⑪   기간비용: ③ ④ ⑥ ⑧ ⑨ ⑩ ⑫

08 기간비용: (5) (6)
제품원가: (3) (4) (7)
기타 재무상태표: (1) (2)

09 ① 목적적합성: 회계정보는 정보이용자가 의도하고 있는 의사결정목적과 관련이 있어야 하며, 회계정보를 이용하여 의사결정을 하는 경우와 이용하지 않고 의사결정을 하는 경우를 비교해서 의사결정에 차이를 발생하게 하는 정보의 능력을 말한다. 회계의 정보가 목적적합하기 위해서는 예측가치와 확인가치가 있어야 한다.

② 표현의 충실성: 회계정보가 오류나 편의에서 벗어나 표현하고자 하는 바를 충실하게 표현하여야 한다는 것을 말한다. 회계정보가 충실하게 표현되기 위해서는 완전하고, 중립적이며, 오류가 없어야 한다.

연습 문제

01 (1) ₩600　　(2) 없음　　(3) ₩100　　(4) ₩800

(5) 없음　　(6) ₩700　　(7) ₩200

02 (1) 발생기준에 의한 경우

<table>
<tr><td colspan="3" align="center">손익계산서</td></tr>
<tr><td>광명상점</td><td align="center">20×1.1.1~20×1.1.31</td><td align="right">(단위: 원)</td></tr>
<tr><td>매출</td><td></td><td align="right">₩10,000</td></tr>
<tr><td>차감: 비용</td><td></td><td></td></tr>
<tr><td>　　매출원가</td><td align="right">₩8,000</td><td></td></tr>
<tr><td>　　이자비용</td><td align="right">40</td><td></td></tr>
<tr><td>　　임차료</td><td align="right">400</td><td></td></tr>
<tr><td>　　보험료</td><td align="right">50</td><td></td></tr>
<tr><td>　　광열비</td><td align="right">200</td><td></td></tr>
<tr><td>　　급　여</td><td align="right">650</td><td></td></tr>
<tr><td>　　세　금</td><td align="right">150</td><td align="right">₩9,490</td></tr>
<tr><td>순이익</td><td></td><td align="right">₩510</td></tr>
</table>

(2) 현금기준에 의한 경우

<table>
<tr><td colspan="3" align="center">손익계산서</td></tr>
<tr><td>광명상점</td><td align="center">20×1.1.1~20×1.1.31</td><td align="right">(단위: 원)</td></tr>
<tr><td>상품판매에 의한 현금수입액</td><td></td><td align="right">₩9,000</td></tr>
<tr><td>차감: 상품과 서비스에 대한 현금지출액</td><td></td><td></td></tr>
<tr><td>　　상　품</td><td align="right">₩4,000</td><td></td></tr>
<tr><td>　　임차료</td><td align="right">800</td><td></td></tr>
<tr><td>　　보험비</td><td align="right">600</td><td></td></tr>
<tr><td>　　광열비</td><td align="right">200</td><td></td></tr>
<tr><td>　　급　여</td><td align="right">650</td><td></td></tr>
<tr><td>　　세　금</td><td align="right">150</td><td align="right">₩6,400</td></tr>
<tr><td>순이익</td><td></td><td align="right">₩2,600</td></tr>
</table>

③ 발생기준: 발생기준이 현금기준보다 1월 중의 이익창출활동을 더 잘 측정하며, 비용 또한 보고된 수익과 더욱 밀접하게 대응되기 때문이다.

03

손익계산서		
청송회사	20×1.1.1~20×1.12.31	(단위: 원)
매 출		₩325,000
매출원가		(160,000)
매출총이익		₩165,000
판매비와 관리비		
급 여	₩10,000	
임차료	3,000	
교통비	3,000	
보험료	①	(135,000)
영업이익		₩30,000
영업외수익(기타수익)		
유형자산처분이익	4,000	4,000
영업외비용(기타비용)		
이자비용	2,500	(2,500)
법인세비용차감전 이익		₩31,500
법인세비용		(②)
당기순이익		₩22,050

① 보험료＝₩135,000－(₩10,000＋₩3,000＋₩3,000)

　　　　＝₩119,000 ⇒ (1) 답

② 법인세비용＝₩31,500×0.3＝9,450

(1) ₩119,000

(2) ₩22,050

04

손익계산서

신촌주식회사	20×2년 12월 1일~20×2년 12월 31일		(단위: 원)
매 출			₩300,000
매출원가			
기초재고		₩ －	
당기매입		150,000	
기말재고		(40,000)	110,000
매출총이익			190,000
판매비와 관리비			
급 여		₩39,500	
임차료		9,000	
소모품비		5,000	53,500
영업이익(당기순이익)			₩136,500

05

손익계산서

경영회사	20×1년 4월 1일~20×1년 4월 30일			(단위: 원)	
		(1) 발생기준		(2) 현금기준	
매 출		₩300,000		₩200,000	
매출원가		180,000		120,000	
매출총이익		₩120,000		₩80,000	
판매비와 관리비					
급여	₩74,000		₩60,000		
임차료	15,800		15,800		
전기료	1,200		200		
소모품비	7,000	₩98,000	4,000	80,000	
영업이익(당기순이익)		₩22,000		₩ －	

06　(1) 매입액: ₩934,000 [⇐ ₩835,000＋(₩319,000－₩220,000)]

　　　매출액: ₩1,346,000 [⇐ ₩1,250,000＋(₩308,000－₩212,000)]

(2)

손익계산서

청송회사	20×1.1.1~20×1.12.31		(단위: 원)
매　출			₩1,346,000
매출원가 (⇐ ₩150,000＋₩934,000－₩210,000)			874,000
매출총이익			₩472,000
판매비와 관리비			
급　여		₩100,000	100,000
영업이익			₩372,000
영업외수익(기타수익)			5,000
유형자산처분이익			
영업외비용(기타비용)			
이자비용		₩30,000	30,000
당기순이익			₩347,000

07 (1) 수정분개

(차) 매출원가	370,000	(대) 상　품	370,000
감가상각비	6,500	감가상각누계액	6,500
선급보험료	2,000	보험료	2,000
이자비용	1,000	미지급이자	1,000
미수이자	1,000	이자수익	1,000
급　여	5,000	미지급급여	5,000

(2) 결산분개

(차) 집합손익	370,000	(대) 매출원가	370,000
집합손익	6,500	감가상각비	6,500
집합손익	55,000	급　여	55,000
집합손익	3,000	보험료	3,000
매　출	500,000	집합손익	500,000
이자수익	2,000	집합손익	2,000
집합손익	4,000	이자비용	4,000
집합손익	6,000	잡　비	6,000

(3)

재무상태표

연경주식회사　　　　20×1년 12월 31일 현재　　　　　　　(단위: 원)

현　　금	₩ 20,000	매입채무	₩ 58,000
매출채권	55,000	미지급이자	1,000
미수이자	1,000	미지급급여	5,000
선급보험료	2,000	차입금	40,000
상　　품	40,000	자본금	50,000
건　　물	130,000	이익잉여금	87,500
감가상각누계액	(6,500)		
	₩241,500		₩241,500

손익계산서

연경주식회사　　20×1년 1월 1일부터 20×1년 12월 31일까지　　　(단위: 원)

매　　출		₩500,000
매출원가		
기초재고	₩410,000	
당기매입	0	
기말재고	(40,000)	370,000
매출총이익		₩130,000
판매비와 관리비		
감가상각비	₩ 6,500	
급여	55,000	
보험료	3,000	
잡비	6,000	(70,500)
영업이익		₩59,500
영업외수익(기타수익)		
이자수익		2,000
영업외비용(기타비용)		
이자비용		(4,000)
당기순이익		₩57,500

08 (1) 280만원, (2) 200만원

09 (1) 매출원가=4,000,000원, 매출총이익=6,000,000원

　　(2) 영업이익=3,000,000원

10 (1) 매출원가＝297,510,000원

(2) 매출총이익＝60,490,000원

(3) 영업이익＝12,060,000원, 당기순이익＝11,510,000원

손익계산서

신촌(주)	20×1년 1월 1일부터 20×1년 12월 31일까지		(단위: 천원)
매출액			358,000
매출원가			297,510
기초상품재고액		32,650	
당기매입액		293,820	
기말상품재고액		28,960	
매출총이익			60,490
판매비와 관리비			48,430
급　여		38,780	
감가상각비		8,000	
대손상각비		200	
광고선전비		200	
소모품비		1,250	
영업이익			12,060
영업외수익(기타수익)			3,050
잡이익		1,200	
임대료		700	
배당금수익		1,000	
이자수익		150	
영업외비용(기타비용)			3,600
이자비용		2,350	
유형자산처분손실		450	
FVPL금융자산평가손실		800	
법인세비용차감전이익(당기순이익)			11,510

11 (1) F : 회계기준이 더 우선함(재무보고를 위한 개념체계는 이론적 토대일 뿐 강제규정이
　　아님)

(2) T

(3) T

12 ② : 한국채택국제회계기준에서는 특정 재무제표 요소에 대해 적용해야 할 측정기준을
언급하고 있지 않다. 목적적합성과 충실한 표현이라는 근본적 질적 특성을 고려하여
특정 재무제표 요소에 가장 적합한 측정기준을 선택하여 적용하면 됨.

13 ④

P·A·R·T

2

회계원리 각론

재무회계 총론을 통해 회계적 사건이 발생하고 이를 기록하여 회계순환과정을 거치며 재무제표로 보고되는 과정을 이해했다. 본 교재의 각론인 제7장 현금 및 현금성자산에서 시작하여 제13장 자본까지는, 각 재무제표에 기록된 주요 계정과목에 대한 정의와 관련 회계기준, 대체적 회계처리 등에 대한 심층적인 논의를 진행한다. 제14장에서는 재무제표 중 가장 늦게 도입되었고 현금주의에 의거한 재무정보를 대표하는 현금흐름표의 구성요소와 작성방법을 소개하며, 제15장 재무제표의 분석에서는 본 교재의 총론과 각론을 통한 재무회계의 전반에 대한 이해를 바탕으로 실제 경영 의사결정에 활용하기 위해 재무제표 요소들 간의 체계적인 관계를 분석하는 다양한 재무비율들을 소개한다.

Business Decision Making under IFRS
PRINCIPLES OF ACCOUNTING

07 현금 및 현금성자산

익힘 문제

01 ① 매일 수납되는 현금은 즉시 전액을 은행에 예금한다.
② 소액 이외의 모든 지급은 수표로 지급한다.
③ 업무를 분담시킨다.
④ 은행계정조정표는 출납이나 수표발행업무에 종사하지 않는 직원이 작성하여야 한다.
⑤ 수표상의 서명은 반드시 위임된 직원이 행한다.

02 현금과부족이란 기말에 소액현금의 장부잔액과 실지잔액이 일치하지 않을 때 그 차액을 말한다. 이때 이의 원인을 명확히 규명해야 하나, 만약 그 원인을 설명할 수 없을 때에는 잡손실(현금시재액이 장부잔액보다 적을 때)이나 잡이익(현금시재액이 장부잔액보다 많을 때)으로 처리해야 한다.

03 당좌차월이란 기업이 당좌예금액 이상으로 수표를 발행했을 때 그 초과액을 말한다. 이는 거래하는 해당은행과 사전에 계약을 함으로써 가능하다. 당좌차월은 기말에 재무상태표에 부채로 계상된다.

04 ① 발행된 수표를 기업에서는 지급한 것으로 기입하였으나 은행에서는 아직 기입하지 않았을 경우
② 기업에서는 예금한 것으로 기입하였으나 은행에서는 아직 기입하지 않았을 경우
③ 수수료에 대하여 은행은 처리하였으나 회사가 아직 기입하지 않았을 경우
④ 회사가 할인한 어음과 수표가 추심되지 않고 부도되어, 은행은 처리하였으나 회사가 아직 통지를 받지 못하여 기입하지 않았을 경우
⑤ 은행이나 회사가 기장상의 오류를 범하였을 경우

연습 문제

01 ⑤

02 ₩7,250,000원

  (∵) ₩3,000,000+₩1,000,000+₩1,000,000+₩500,000+₩1,500,000+₩250,000=7,250,000

03 ₩1,000,000－₩5,000,000+₩2,000,000+1,000주×₩6,000=₩4,000,000

04
타인발행수표	₩1,500,000
지급일이 도래한 주식배당권	54,000
양도성예금증서(60일)	755,000
통화	675,000
만기가 도래된 국채이자표	67,000
정확한 현금금액	₩ 3,051,000

05
(1) 10/7	(차) 현 금		300,000	(대) 매 출	300,000
(2) 10/15	(차) 비 품		200,000	(대) 현 금	200,000

06
(1) (차) 현금과부족	40,000	(대) 소액현금	40,000
(2) (차) 광고비	40,000	(대) 현금과부족	40,000
(3) (차) 잡손실	40,000	(대) 현금과부족	40,000

07
10/16	(차) 소액현금		500,000	(대) 당좌예금	500,000
10/28	(차) 점포용소모품		180,000	(대) 당좌예금	290,000
	통신비		15,000		
	운송비		25,000		
	잡 비		50,000		
	접대비		20,000		
12/31	(차) 종업원대여금		112,000	(대) 소액현금	195,000
	사무용소모품		50,000		
	여 비		10,000		
	접대비		20,000		
	현금과부족		3,000		

08

8/1	(차)	소액현금	60,000	(대) 당좌예금	60,000	
8/31	(차)	여비교통비	10,000	(대) 당좌예금	50,000	
		소모품비	5,000			
		복리후생비	30,000			
		현금과부족	5,000			
8/31	(차)	선급급여	2,000	(대) 현금과부족	5,000	
		잡손실	3,000			

09

(1) 9/1	(차)	소액현금	300,000	(대) 당좌예금	300,000	
9/30	(차)	운송비	37,000	(대) 당좌예금	176,000	
		통신비	91,000			
		차량유지비	48,000			

(2) ₩1,000,000 − ₩176,000 = ₩824,000

10 유동부채(단기차입금)

11

은행계정조정표

신촌주식회사		20×1년 12월 31일		(단위: 원)
회사측 잔액	₩9,683	은행측 잔액		₩12,589
은행수수료	(12)	기발행미지급수표 No.346		(3,000)
어음추심액	2,015	No.367		(145)
부도수표	(1,806)	No.401		(238)
		은행미기입예금		674
	₩9,880			₩9,880

〈수정분개〉

당좌예금	2,015	받을어음	2,000
		이자수익	15
지급수수료	12	당좌예금	12
부도수표	1,806	당좌예금	1,806

12

은행계정조정표

서울주식회사		20×1년 12월 31일	(단위: 원)
회사측 잔액	₩356,432	은행측 잔액	₩432,578
은행수수료	(450)	기발행미지급수표	(10,900)
어음추심액	19,286	은행기장오류	(72,000)
회사기장오류	(9,000)	은행미기입예금	16,590
	₩366,268		₩366,268

〈수정분개〉

(차) 지급수수료	450	(대) 당좌예금	450
(차) 당좌예금	19,286	(대) 받을어음	18,000
		이자수익	1,286
(차) 소모품	9,000	(대) 당좌예금	9,000

13 ₩3,708,000 = ₩3,760,000 − ₩35,000 + ₩115,000 − ₩300,000 + ₩150,000 + ₩18,000

14 (1)

은행계정조정표

연경(주)		20×1년 5월 31일	(단위: 원)
은행측 잔액	₩3,600,000	회사측 잔액 (역산)	₩3,885,000
은행미기입예금	500,000	발행수표 착오기장분	45,000
		외상매출금 회수분	400,000
기발행미인출수표	(300,000)	부도수표	(500,000)
		당좌차월이자	(30,000)
정확한 잔액	₩3,800,000	정확한 잔액	₩3,800,000

(2)

(차) 당좌예금	45,000	(대) 매입채무	45,000
이자비용	30,000	당좌예금	30,000
부도수표(매출채권)	500,000	당좌예금	500,000
당좌예금	400,000	매출채권	400,000

08 매출채권과 지급채무

익힘 문제

01 (1) 어음의 만기일: 20×2년 1월 31일

(2) 만기가액: ₩5,400

(3) 할인시 현금수취액: $₩5,400 - ₩5,400 × 10\% × \dfrac{4}{12} = ₩5,220$

02

(차) 단기차입금	4,000	(대) 매출채권	4,000
매출채권	4,045	당좌예금	4,045

03 (발행일)

(차) 매입채무	8,000	(대) 지급어음	8,000

(지급일)

(차) 지급어음	8,000	(대) 현　금	8,240
이자비용	240*		

* $₩8,000 × 12\% × \dfrac{90}{360} = ₩240$

04 대손충당금추정액

05 매출할인을 이자비용으로 간주한다는 것은 이론적으로 타당하지 않다. 매출할인은 상관습에 의하여 설정되기 때문에 이자보다는 훨씬 많다. 따라서 수익의 차감항목으로 보는 것이 타당하다.

06 매출할인과 매출에누리 및 선수금이 있을 경우인데 이러한 경우에는 정확한 구분처리가 되어야 한다. 즉, 매출채권 대변에 기재하는 대신에 각각 매출할인, 매출에누리, 선수금 계정의 대변에 기재를 하여야 한다.

07 수익과 비용의 기간대응이 적절치 못하게 된다. 당기매출채권이 차기 이후에 회수가 불가능하여 대손처리된다면 분명히 당기의 수익에 대응되어야 할 비용임에도 비용처리되지 않아 당기수익이 과대계상되고 따라서 대손상각된 연도의 수익은 과소계상되게 된다.

연습 문제

01 20×1년 기중회계처리   기초대손충당금 잔액 ₩30,000

3월	(차) 대손충당금	15,000	(대) 매출채권	15,000	
5월	(차) 대손충당금	8,000	(대) 매출채권	8,000	
6월	(차) 대손충당금	5,000	(대) 매출채권	5,000	
7월	(차) 현 금	2,000	(대) 대손충당금	2,000	
9월	(차) 현 금	5,000	(대) 대손충당금	5,000	
10월	(차) 현 금	8,000	(대) 대손충당금	8,000	
12월 31일	(차) 대손충당금	13,000	(대) 매출채권	13,000	⇒ 연령자료에서 회수가 능성 0인 매출채권은 대손이 확정된 것임.

새로운 대손충당금 설정전의 기말 현재 대손충당금 잔액은 4,000원이다. 따라서 연령분석법에 따라 기말 대손충당금 설정금액을 추산한 후에 기말현재 대손충당금 잔액을 차감하여 대손충당금으로 설정한다.

12월 31일

대손추산액 : ₩100,000×0.01＋₩50,000×0.03＋₩20,000×0.05＋₩60,000×0.1

⇒ ₩9,500

대손상각액 : ₩9,500－₩4,000 ＝ ₩5,500

∴ (차) 대손상각비 5,500 (대) 대손충당금 5,500

02 ₩6,000

기초 대손충당금 잔액 ₩10,000.   기중 회계처리를 실시해보라.

(1) (차) 대손충당금   8,000   (대) 매출채권   8,000
(2) (차) 현 금   2,000   (대) 대손충당금   2,000

따라서 기중회계처리만 근거한다면 기말 대손충당금 잔액은 ₩4,000이 되어 있는 상태임. 그러나 매출채권잔액이 ₩200,000이고 대손충당금을 차감한 잔액이 ₩190,000이므로 대손충당금은 ₩10,000이 되어 있음을 알 수 있다.

이 의미는 기말시점에 추가로 대손충당금 ₩6,000을 보충설정하였음을 알 수 있고 다음과 같은 회계처리가 실시되었음을 유추하여 알 수 있다.

(3) (차) 대손상각비   6,000   (대) 대손충당금   6,000

회계기간중에 대손상각비는 등장하지 않았으므로 20×1년도의 대손상각비는 회계기간말에 실시한 회계처리에 의해서만 등장하였고 정답은 ₩6,000이 되는 것이다.

03 ₩400,000

문제 2와 똑같은 논리대로 풀어보기 바란다.

매출채권	₩ X
− 대손충당금	(Y)
매출채권의 순실현 가능가치	₩320,000

기초대손충당금 잔액이 ₩50,000인데 당기 대손확정액이 ₩20,000이므로 기말현재 ₩30,000의 대손충당금이 남아있는 상태. 그리고 당기중에 대손상각비는 인식하지 않았는데 손익계산서상 보고된 대손상각비 ₩50,000이 있는 바, 이는 회계기간말에 대손충당금을 설정하면서 계상되었음을 유추할 수 있다.

따라서 다음과 같은 회계처리가 실시되었을 것이다.

(차) 대손상각비   50,000   (대) 대손충당금   50,000

따라서 충당금 설정전 잔액 ₩30,000에 추가설정액 ₩50,000 가산하면 대손충당금은 ₩80,000이며, 이 금액이 Y 금액이 되는 것이다.

따라서 문제에서 요구하는 X 금액은 ₩400,000이 될 것이다.

04 매출채권 잔액 ₩8,000,000   대손충당금 잔액 ₩200,000

매출채권 잔액의 2.5%가 대손충당금이므로 20×2년말 기대신용손실률은 2.5%이다.

할인기간 내에 회수되어 매출할인을 2% 시켜준 뒤 현금으로 회수한 금액이 ₩7,840,000이므로 회수한 매출채권 잔액은 ₩7,840,000÷0.98 ⇒ ₩8,000,000 임을 알 수 있다.

할인기간 이후에는 할인이 없으므로 매출채권잔액 회수액과 현금회수액은 일치한다.

따라서 회수한 매출채권 잔액의 총액은 ₩8,000,000+₩64,000,000 ⇒ ₩72,000,000이다.

기초매출채권 잔액 ₩5,000,000＋당기외상매출액(매출채권발생액) ₩75,000,000
− 당기회수한 매출채권금액 ₩72,000,000 ⇒ 기말매출채권 잔액 ₩8,000,000이 된다.

그리고 20×2년말 대손충당금은 20×2년 매출채권 잔액의 2.5%를 설정하므로 ₩8,000,000× 0.025 ⇒ ₩200,000이 된다.

05 ₩740,000   T계정분석을 실시해 본다.

당기의 모든 매입과 매출은 외상이므로 매입발생 및 매출발생은 곧 당기총매입액과 매출액이 됨에 유의할 것.

매출채권				매입채무				상품			
기초	200,000	회수액	1,500,000	지급액	800,000	기초	100,000	기초	70,000	매출원가	Z
매출액	X	기말	250,000	기말	80,000	매입액	Y	매입액	Y	기말	40,000

대차평형의 원리를 이용하면 매출액 X＝₩1,550,000

매입액 Y＝₩780,000　　　매출원가 Z＝₩810,000

따라서 매출총이익은 X−Z＝₩740,000

06

		(차) 매 입	120,000	(대) 매입채무	120,000
5/1		(차) 매 입	120,000	(대) 매입채무	120,000
5/2		(차) 매입(운임)	5,000	(대) 현 금	5,000
5/6		(차) 매입채무	20,000	(대) 매입에누리와 환출	20,000
5/10		(차) 매입채무	70,000	(대) 현 금	68,600
				매입할인	1,400
5/15		(차) 매입채무	30,000	(대) 현 금	30,000

07 〈신촌상사〉

1.	(차) 매 입	200,000	(대) 매입채무	200,000
2.	(차) 매입채무	200,000	(대) 현 금	196,000
			매입할인	4,000
3.	(차) 매입채무	200,000	(대) 현 금	200,000

〈한국상사〉

1.	(차) 매출채권	200,000	(대) 매 출	200,000
2.	(차) 현 금	196,000	(대) 매출채권	200,000
	매출할인	4,000		
3.	(차) 현 금	200,000	(대) 매출채권	200,000

08 ① 총매출액 : ₩5,300,000　② 매입에누리와 환출 : ₩250,000

순매출액＝매출총이익＋매출원가＝₩2,000,000＋₩3,000,000＝₩5,000,000

총매출액(①)−매출할인(₩100,000)−매출에누리와 환입(₩200,000)＝순매출액(₩5,000,000)

따라서, 총매출액(①)＝₩5,300,000

매출원가(₩3,000,000)＝기초상품(₩350,000)＋당기순매입액(x)−기말상품 (₩500,000)

따라서, 당기순매입액(x)＝₩3,150,000

당기순매입액(₩3,150,000)＝당기총매입액(₩3,500,000)−매입할인(₩100,000)

　　　　　　　　　−매입에누리와 환출(②)

따라서, 매입에누리와 환출(②)＝₩250,000

09 횡령추정액＝₩1,400,000

매출액＝₩12,000,000×1.2＝₩14,400,000

매출채권 추정잔액＝₩5,000,000＋₩14,400,000－₩12,000,000＝₩7,400,000

횡령추정액＝₩7,400,000－₩6,000,000(매출채권 실사잔액)＝₩1,400,000

10 당기매입액＝₩8,350

(매출원가 : ₩8,750＝₩3,200＋당기매입액(x)－₩2,800 ∴₩10,500＝매출원가×1.2)

11

1. (차)	매출채권	1,200,000	(대)	매　출	1,200,000
2. (차)	당좌예금(현금)	1,195,040	(대)	단기차입금	1,200,000
	이자비용	12,960		이자수익	8,000
(또는) (차)	당좌예금	1,195,040	(대)	단기차입금	1,200,000
	이자비용	4,960			
3. (차)	단기차입금	1,200,000	(대)	매출채권(받을어음)	1,200,000
	매출채권(부도어음)	1,257,000		당좌예금	1,232,000
				현　금	25,000

(회계처리시 계산근거)

어음의 만기가액 : $₩1,200,000＋₩1,200,000×0.08×\frac{4}{12}＝₩1,232,000$

할인료 : $₩1,232,000×0.12×\frac{3}{12}＝₩36,960$

현금 수령액 : ₩1,232,000－₩36,960＝₩1,195,040

12 (1) 현금실수금 : ₩1,002,050 (할인료 : ₩20,450)

(2) (차)	현　금	1,002,050	(대)	매출채권(받을어음)	1,000,000
	매출채권처분손실	5,450		이자수익	7,500

(3) 회계처리 필요 없음

(회계처리시 계산근거)

어음의 만기가액 : $₩1,000,000＋₩1,000,000×0.09×\frac{3}{12}＝₩1,022,500$

할인료 : $₩1,022,500×0.12×\frac{2}{12}＝₩20,450$

현금수령액(현금실수금) : ₩1,022,500－₩20,450＝₩1,002,050

매출채권처분손실 : 어음의 장부가액(₩1,007,500)－₩1,002,050＝₩5,450

13 ① 액면이자율＝10%

② 할인율＝12%

현금수취액이 ₩100,800이고 할인액이 ₩4,200이므로 만기가액은 ₩105,000이 된다.

만기가액 : $100,000+100,000\times$액면이자율$\times\dfrac{6}{12}=$₩105,000

따라서 액면이자율=10%

할인액 : $105,00\times$할인율$\times\dfrac{4}{12}=$₩4,200

따라서 할인율=12%

③ 할인일의 회계처리

(차) 현 금	100,800	(대) 단기차입금	100,000
이자비용	867	이자수익	1,667

14

1/15	(차) 현 금	1,500,000	(대) 대손충당금	1,500,000
2/25	(차) 대손충당금	2,500,000	(대) 매출채권	2,500,000
3/15	(차) 매출채권	5,000,000	(대) 매 출	5,000,000
3/20	(차) 현 금	3,920,000	(대) 매출채권	4,000,000
	매출할인	80,000		
3/28	(차) 대손충당금	1,000,000	(대) 매출채권	1,000,000
4/10	(차) 매출채권	15,000,000	(대) 매 출	15,000,000
6/10	(차) 현 금	15,256,875	(대) 매출채권	15,000,000[1]
	매출채권처분손실	43,125	이자수익	300,000
7/10	분개없음			
11/17	(차) 현 금	1,000,000	(대) 대손충당금	1,000,000
12/31	(차) 대손충당금	1,000,000	(대) 매출채권	1,000,000
12/31	(차) 대손충당금	2,500,000	(대) 대손충당금환입	2,500,000[2]

1) 만기가액 : ₩15,000,000+₩15,000,000$\times0.12\times\dfrac{3}{12}=$₩15,450,000

  어음할인액 : ₩15,450,000$\times0.15\times\dfrac{1}{12}$ = ₩(193,125)

  현금수령액 : ₩15,450,000−₩193,125 = ₩15,256,875

2) 수정전 대손충당금 잔액 = ₩8,000,000

  경과기간분석법에 의한 대손충당금 설정액 = ₩5,500,000

  그러므로 대손충당금 ₩2,500,000을 환입시켜야 한다.

15 10/2 (관악상사)

(차) 외상매입금	8,000	(대) 지급어음	8,000

(군자상사)

(차) 받을어음	8,000	(대) 외상매출금	8,000

10/31 (군자상사)

1개월 후   (차) 현 금   8,024   (대) 단기차입금   8,000

         이자비용   29   이자수익   53

* 지급이자할인료 $(=8,000 \times 8\% \times \frac{1}{12})$

  ① 할인시점(10/31)의 받을어음 장부가액   (1개월경과)

$$W8,000 + W8,000 \times 8\% \times \frac{30}{360} = W8,053$$

  ② 현금수령액

     만기금액: $W8,000 + W8,000 \times 8\% \times \frac{90}{360} = W8,160$

     할 인 료: $W8,160 \times 0.1 \times \frac{60}{360}$ (남은기간) $\quad \frac{136}{= W8,024}$

  ③ 이자비용 =①－②= $W8,053 - W8,024 = W29$

         (정부가)   (현금수령)

12/30 (관악상사)

  (차) 지급어음   8,000   (대) 현 금   8,160

  (차) 이자비용   160 $(=8,000 \times 0.08 \times \frac{3}{12})$

  (군자상사)

  (차) 단기차입금   8,000   (대) 받을어음   8,000

16 (군자상사)

  ① (차) 단기차입금   8,000   (대) 당좌예금   8,160

         이자비용   160

  ② (차) 매출채권   8,165   (대) 받을어음(매출채권)   8,000

         (부도어음)   이자수익   160

                     당좌예금   5

17 (1) (산하회사)

  7/1   (차) 매출채권   4,000   (대) 매 출   4,000

         현 금   3,910   단기차입금   4,000

         이자비용   90

  9/30   (차) 단기차입금   4,000   (대) 매출채권   4,000

(2) (계룡공업사)

  7/1   (차) 기계장치(선반)   4,000   (대) 미지급금   4,000

  9/30   (차) 미지급금   4,000   (대) 현 금   4,000

18 (1) 1/31

  (차) 당좌예금   1,960,000   (대) 단기차입금   2,000,000

이자비용 40,000

(2) 3/15

(차) 단기차입금 2,000,000   (대) 매출채권(받을어음) 2,000,000
매출채권 2,005,000   현 금 2,005,000

19 (1) 1/10 (차) 매출채권 150,000   (대) 매 출 150,000
3/1 (차) 받을어음 150,000   (대) 매출채권 150,000
7/1 (차) 현 금 156,000   (대) 받을어음 150,000
이자수익 6,000

(2) 7/1 (차) 매출채권 156,000   (대) 받을어음 150,000
이자수익 6,000

20 (1) 4/1 (차) 매출채권 50,000   (대) 매 출 50,000
6/1 (차) 현 금 51,057*   (대) 단기차입금 50,000
이자수익 1,057

* 만기가액: $₩50,000 + ₩50,000 \times 0.12 \times \frac{6}{12} = ₩53,000$

할인료: $₩53,000 \times 0.11 \times \frac{4}{12} = ₩1,943$

현금수령액 $₩51,057(= ₩53,000 - ₩1,943)$

10/1 (차) 단기차입금 50,000   (대) 매출채권 50,000
(2) 10/1 (차) 단기차입금 50,000   (대) 현금(당좌예금) 53,000
이자비용 3,000
(차) 매출채권 53,250   (대) 매출채권 50,000
(부도어음) 이자수익 3,000
현 금 250

21 (1) 대손충당금설정액 $= (₩475,000 + ₩250,000) \times 0.01 = ₩7,250$
(차) 대손상각비 7,250   (대) 대손충당금 7,250
(2) 대손충당금설정액 $= ₩475,000 \times 0.02 = ₩9,500$
(차) 대손상각비 9,500   (대) 대손충당금 9,500
(3) (차) 대손상각비 2,000   (대) 대손충당금 2,000
(4) (차) 대손충당금 8,000   (대) 대손충당금환입 8,000
(5) (차) 대손상각비 6,000   (대) 매출채권 6,000

22

경과기간	매출채권	회수율	기대신용손실률	대손충당금
1개월 이내	₩20,000	90%	10%	₩2,000
1~6개월	6,000	80%	20%	1,200
6개월~2년	2,500	45%	55%	1,375
2년 이상	1,000	10%	90%	900
				₩5,475

23

(1)
12/16	(차) 매출채권	15,000,000	(대) 매 출	15,000,000
12/27	(차) 매출채권	20,000,000	(대) 매 출	20,000,000
12/31	〈분개 없음〉			
1/5	(차) 현 금	9,800,000	(대) 매출채권	10,000,000
	매출할인	200,000		
1/10	(차) 현 금	15,000,000	(대) 매출채권	15,000,000
1/18	(차) 현 금	10,000,000	(대) 매출채권	10,000,000

(2)
12/16	(차) 상 품	15,000,000	(대) 매입채무	15,000,000
12/27	(차) 상 품	20,000,000	(대) 매입채무	20,000,000
12/31	〈분개 없음〉			
1/5	(차) 매입채무	10,000,000	(대) 현 금	9,800,000
			매입할인	200,000
1/10	(차) 매입채무	15,000,000	(대) 현 금	15,000,000
1/18	(차) 매입채무	10,000,000	(대) 현 금	10,000,000

24

12/1	(차) 매출채권	1,200	(대) 매 출	1,200
12/10	(차) 매출채권	300	(대) 매 출	300
12/20	(차) 현 금	1,200	(대) 매출채권	1,200
12/23	(차) 매출채권	800	(대) 매 출	800
12/31	〈분개 없음〉			
1/3	(차) 현 금	776	(대) 매출채권	800
	매출할인	24		
1/10	(차) 현 금	300	(대) 매출채권	300

25

경우 1:	(차) 대손상각비	10,700	(대) 대손충당금	10,700
경우 2:	(차) 대손상각비	4,400	(대) 대손충당금	4,400
경우 3:	(차) 대손충당금	4,300	(대) 대손충당금환입	4,300

26 확정시: (차) 대손충당금   40,000   (대) 매출채권   45,000
            대손상각비   5,000
   설정시: (차) 대손상각비   42,000   (대) 대손충당금   42,000

27 (1) ① (차) 현　금   20,000   (대) 매　출   135,000
           매출채권   115,000
   ② (차) 현　금   193,320   (대) 매출채권   195,000
           매출할인   1,680
   ③ (차) 매출환입   2,700   (대) 매출채권   2,700
   ④ (차) 대손충당금   14,600   (대) 매출채권   14,600
   ⑤ (차) 현　금   100   (대) 대손충당금   100
   ⑥ (차) 대손상각비   2,300   (대) 대손충당금   2,300
         * 당기대손액 ₩2,300＝(₩135,000－₩20,000)×0.02
(2) 대손충당금 설정방법과 추정에 문제가 있다.

28

경과기간	매출채권	기대신용손실률	대손충당금 설정
15일 이내	₩300,000	0.02	₩6,000
16~30일	100,000	0.1	10,000
31~45일	50,000	0.2	10,000
46~60일	30,000	0.3	9,000
61~75일	10,000	0.4	4,000
			₩39,000

   * 경과일수 75일 이상 채권은 기대신용손실률 100%이므로 대손처리함.

(1) (차) 대손충당금   10,000   (대) 매출채권   10,000
       대손상각비   24,000   대손충당금   24,000
(2)   매출채권   490,000
       대손충당금   (39,000)   451,000
(3) 수익비용대응의 원칙에 따라 매출에 따른 대손의 대응이 더 타당하다. 객관적 사실보
   다도 실질을 더 반영해야 한다.

29 (1) ₩140(⇐ ₩360－₩220)   (2) ₩360(⇐ ₩200＋₩180－₩20)
   (3) ₩300(⇐ ₩420－₩120)   (4) ₩420(⇐ ₩400＋₩80－₩60)
   (5) ₩300(⇐ ₩300－₩80＋₩80)   (6) ₩40(⇐ ₩300－₩260)

30 (1) 외상매출금의 대손처리. 대손충당금 전액이 ₩350,000밖에 없었다.
　　(2) 당기 대손처리된 외상매출금의 회수.

31

20×1	12/31	(차) 대손상각비	500,000	(대) 매출채권	500,000		
		대손상각비	545,000	대손충당금	545,000		
20×2	8/15	(차) 대손충당금	400,000	(대) 매출채권	400,000		
20×2	9/25	(차) 대손충당금	100,000	(대) 매출채권	100,000		

32

(1)	(차) 대손충당금	250,000	(대) 매출채권	250,000	
(2)	(차) 현　　금	400,000	(대) 대손충당금	400,000	
(3)	(차) 대손충당금	150,000	(대) 매출채권	150,000	
(4)	(차) 현　　금	150,000	(대) 대손충당금	150,000	
(5)	(차) 대손충당금	200,000	(대) 매출채권	200,000	
	대손상각비	400,000	대손충당금	400,000	

경과일수	금　액	회수가능성	기대신용손실률	대손충당금
60일미만	₩3,0000,000	100%	0%	₩0
61~90일	1,800,000	95%	5%	90,000
91~150일	1,000,000	80%	20%	200,000
150~200일	600,000	30%	70%	420,000
				₩710,000

* 경과일수 200일 이상 채권은 회수가능성이 0이므로 대손처리한다.

09 재고자산

익힘 문제

01 (2), (4), (5)

02 ₩210,000,000

03 (1) 판매비와 관리비
(2) 매출원가

04 상품가격이 상승시에 선입선출법을 적용하면 이익이 가장 높게 보고된다. 왜냐하면 선입선출법의 가정상 물가상승시 매출원가는 과거의 원가로 구성되기 때문이다. 상품가격 하락시에는 후입선출법을 적용하면 이익이 가장 높게 보고된다.

05 ① 원유 ┌ 기준재고량: 저가로 평가
       └ 기준재고량 초과분: 원가(선입선출법)로 평가
② 완제품, 반제품: 저가로 평가(선입선출원가와 시가 중 낮은 금액)
③ 이 외 제품: 평균원가법(시가초과)
  ⇒ 기업회계기준에 의하면 원칙적으로 저가법을 적용하고 있다.

06 (1) 순실현가능액. 저가기준 평가시 시가를 추정판매가액에서 정상적 판매비용을 차감한 순실현가능액 개념에 근거하고 있다.

연습 문제

01 (1) 선입선출법 : 기말재고 ₩12,000,   매출원가 ₩100,000
    기말재고액 (기말재고 100개는 모두 매입된 것) = 100개 × @120 = ₩12,000
    매출원가 = (기초재고액 + 당기매입액 − 기말재고액) = (₩40,000 + ₩72,000 − ₩12,000)
        = ₩100,000

　　　(2) 총평균법 : 기말재고 ₩11,200,　　　매출원가 : ₩100,800

　　　　단위당 원가＝(기초재고액＋당기매입액)/(기초재고수량＋당기매입수량)

　　　　　　　　　　＝(₩40,000＋₩72,000)/(400개＋600개)　＝@112

　　　　기말재고액＝기말재고수량×단위당 원가＝100개×@112＝₩11,200

　　　　매출원가＝(기초재고액＋당기매입액－기말재고액)

　　　　　　　　＝(₩40,000＋₩72,000－₩11,200)＝₩100,800

02　(1) 기말재고자산의 원가 ＝ ₩88,200

　　　　선입선출법에 의한 매출가격환원법(소매재고법) 적용시 원가율의 계산:

　　　　선입선출법에 의한 매출가격환원법(소매재고법)을 적용할 경우, 기말에 남아있는 재고
자산의 원가율은 당기매입분의 원가율을 적용해야 함. 기초재고로 남은 것이 하나도
없기 때문.

　　　　₩346,500/₩462,000＝0.75

　　　　기말재고의 매가＝₩117,600

　　　　기말재고의 원가＝기말재고의 매가×원가율＝₩117,600×0.75＝₩88,200

　　(2) 매출원가＝₩317,100

　　　　매출원가＝판매가능상품 재고액－기말재고액＝₩405,300－₩88,200＝₩317,100

03　순매출액＝₩750,000　　　　　　순매입액＝₩655,000

　　1. 매출원가＝₩635,000　　　　　2. 매출총이익＝₩115,000

　　　(여기서, '당기상품총구입액'에는 매입운임이 포함되지 않은 것임)

04　₩226,000

05　1. 20×7년 정확한 순이익＝6,000원

　　2. 20×8년 정확한 순이익＝21,500원

06　⑤

07　매출원가 : ₩60,160, 재고자산 : ₩5,000

　　재고자산평가손실 (₩5,000－₩5,600)＝₩600 ⇒ 모두 매출원가 반영

　　재고자산감모손실 (₩7,000－₩5,600)＝₩1,400 ⇒ 40%인 ₩560만 매출원가 반영

　　이 감모손실 ₩1,400 중 60%는 원가성 없으므로 매출원가에서 차감 필요

　　40%는 원가성이 있고, 60%는 원가성이 없는 경우

* 감모손실 ₩1,400 중 60%에 해당액＝₩840

손익계산서

매출액		₩62,000
매출원가		
기초상품재고액	₩14,000	
당기순매입액	52,000	
기말상품재고액	(5,600)	
매출이외의 상품감소액	(840)	
재고자산평가손실	600	60,160
매출총이익		2,440
⋮		
영업외비용(기타비용)		
재고자산감모손실	(840)	

08　(1) 20×1년 매출원가 : ₩45,000

　　　계산근거 : 20×1년도 기말재고자산은 후입선출법보다 선입선출법을 적용했을 때, (₩17,000－₩12,000)만큼 더 많다. 따라서, 매출원가는 그 만큼 적을 것이다.

　　　따라서, 20×1년도 선입선출법 매출원가＝₩50,000－₩5,000＝₩45,000

　　(2) 20×2년 매출원가 : ₩52,000

　　　계산근거 : 20×2년도 기말재고자산은 후입선출법보다 선입선출법을 적용했을 때, (₩20,000－₩13,000)＝₩7,000 만큼 더 많다. 이 중 20×2년의 새로운 차이는 ₩7,000－₩5,000＝₩2,000이다. [즉, ₩5,000만큼 기초(＋), ₩7,000만큼 기말(＋) ⇒ 그러므로 (매출원가＋₩5,000－₩7,000)]

　　　따라서, 20×2년도 선입선출법 매출원가는 ₩54,000－₩2,000＝₩52,000

09　(1) 원재료

원재료	₩511,000
매입할인	(9,000)
초과화물유치료	(3,000)
판매부 원가 중 할당액	(5,000)
적송부 원가	(6,000)
	₩488,000

　　(2) 원가란 어떤 물건을 현재의 조건과 상태로 있게 하는데 직접적으로나 간접적으로 발생한 적용가능한 지출과 배분액의 합계를 말한다. 즉, 재고자산의 원가란 제품, 재료, 소

모품의 송장가격과 수송비의 합계에서 할인액, 에누리, 환출액을 차감하고, 구입, 처리 비용을 가산한 것이다. 그러나 재료비, 노무비 기타의 제조원가 중 비정상적으로 낭비된 부분이나 추가 생산단계에 투입하기 전에 보관이 필요한 경우를 제외한 보관비용 등은 재고자산의 원가에 포함될 수 없으며 발생기간의 비용으로 처리되어야 한다.

10

	20×1년	20×2년	20×3년
(1) 보고된 순이익	₩9,800	₩13,200	17,000
수정-기초상품	(6,200)	8,300	5,400
수정-기말상품	(8,300)	(5,400)	4,200
수정된 순이익	(4,700)	16,100	26,600
(2) 상품(기말)	4,200	매출원가	9,600
이익잉여금	5,400		

11 (1) 매입에 관한 분개: 계속기록법

(차) 상　품　　　3,570　　　(대) 매입채무　　　3,570

매출에 관한 분개: 계속기록법

(차) 현　금　　　2,000　　　(대) 매　출　　　2,000
(차) 매출원가　　1,530　　　(대) 상　품　　　1,530

(2) 매입에 관한 분개: 재고실사법(실지재고조사법)

(차) 매　입　　　3,570　　　(대) 매입채무　　　3,570

매출에 관한 분개: 재고실사법(실지재고조사법)

(차) 현　금　　　2,000　　　(대) 매　출　　　2,000

12 자산과 부채는 과소계상되고, 소유지분 및 순이익에는 아무런 변동을 초래하지 않는다.

13 계속기록법과 재고실사법

(1) 계속기록법

① 분개없음

② (차) 상　품　　250,000　　　(대) 매입채무　　250,000

③ (차) 매입채무　30,000　　　(대) 상　품　　30,000

④ (차) 매입채무　220,000　　　(대) 현　금　　220,000

⑤ (차) 매출채권　350,000　　　(대) 매　출　　350,000
　　　매출원가　250,000　　　　　상　품　　250,000

⑥ 분개없음

(2) 재고실사법

① 분개없음

② (차) 매　입	250,000	(대) 매입채무	250,000
③ (차) 매입채무	30,000	(대) 매입환출	30,000
④ (차) 매입채무	220,000	(대) 현　금	220,000
⑤ (차) 매출채권	350,000	(대) 매　출	350,000
⑥ (차) 매입환출	30,000	(대) 매　입	30,000
매출원가	50,000	상품(기초)	50,000
매출원가	220,000	매　입	220,000
상품(기말)	20,000	매출원가	20,000

14

	20×1년		20×2년		20×3년	
기초매입	−		−		(500,000)	과소
당기매입	(450,000)	과소	450,000	과대	−	
계	(450,000)		450,000		(500,000)	
기말재고	−		(500,000)	과소	−	
매출원가	(450,000)	과소	950,000	과대	(500,000)	과소
당기순이익	450,000	과대	(950,000)	과소	500,000	과대

(1) 20×1년 정확한 당기순이익: $1,500,000 - 450,000 - 70,000 = ₩980,000$

(2) 20×2년 정확한 당기순이익: $2,000,000 + 950,000 = ₩2,950,000$

(3) 20×3년 정확한 당기순이익: $1,800,000 - 500,000 = ₩1,300,000$

15　(1) 재고자산관련 오류가 당기순이익에 미치는 영향

	20×1년		20×2년	
기 초 매 입	−		(70,000)	
당 기 매 입	−	과소	(200,000)	과소
계	−		(270,000)	
기 말 재 고	(70,000)	과소	20,000	과대
매 출 원 가	70,000	과대	(290,000)	과소
당기순이익	(70,000)	과소	290,000	과대

(2) 20×2년 정확한 당기순이익: $1,500,000 - 290,000 = ₩1,210,000$

16　$₩290,000 + ₩25,000 + ₩10,000 = ₩325,000$

17 ① 오류가 당기순이익에 미치는 영향

	20×1년		20×2년	
기 초 매 입	₩(4,000)	과소	₩5,000	
당 기 매 입	–		(8,000)	과소
계	₩(4,000)		₩(3,000)	
기 말 재 고	5,000	과대	(15,000)	과소*
매 출 원 가	₩(9,000)	과소	₩12,000	과대
당기순이익	₩9,000	과대	₩(12,000)	과소

*(＝₩7,000＋₩8,000)

② 20×1년 수정이익＝15,000－9,000＝6,000

　　20×2년 수정이익＝20,000＋12,000＝32,000

18 (1) ₩200,000＋₩60,000－₩12,000＝₩248,000

(2) ₩200,000＋₩12,000＋₩50,000＝₩262,000

(3) ₩100,000

19 (1) ① 이동평균법 ┬ 기말재고액: 295단위×@183.48＝54,126
　　　　　　　　　└ 매출원가 ┬ 200단위×@162.50 ┐ ＝155,874
　　　　　　　　　　　　　　├ 285단위×@162.50 │
　　　　　　　　　　　　　　├ 270단위×@183.48 │
　　　　　　　　　　　　　　└ 150단위×@183.48 ┘

② 총 평 균 법 ┬ 기말재고액: 295단위×@175＝₩51,625
　　　　　　　└ 매출원가: 905단위×@175＝₩158,375

③ 선입선출법 ┬ 기말재고액: 295단위×@200＝₩59,000
　　　　　　　└ 매출원가: ₩210,000－₩59,000＝₩151,000

④ 후입선출법 ┬ 기말재고액: 295단위×@150＝₩44,250
　　　　　　　└ 매출원가: ₩210,000－₩44,250＝₩165,750

(2) 각 방법의 기말재고원가보다 시가가 높으므로 저가로 평가해도 물음 (1)의 답과 동일

(3) ① 이동평균법: 295단위×@160＝₩47,200

② 총 평 균 법: 295단위×@160＝₩47,200

③ 선입선출법: 295단위×@160＝₩47,200

④ 후입선출법: 295단위×@150＝₩44,250

20 (1) 이동평균법 ┬ 기말재고액: 850단위×@113.5714＝₩96,536
　　　　　　　　└ 매출원가: ₩258,500－₩96,536＝₩161,964

(2) 총평균법 ┌ 기말재고액: 850단위×@107.7083＝₩91,552
         └ 매출원가: ₩258,500－₩91,552＝₩166,948

(3) 선입선출법 ┌ 기말재고액: 850단위×@115＝₩97,750
          └ 매출원가: ₩258,500－₩97,750＝₩160,750

(4) 후입선출법 ┌ 기말재고액: 850단위×@100＝₩85,000
          └ 매출원가: ₩258,500－₩85,000＝₩173,500

21

	20×1년	20×1년	20×1년
① 원가	₩120,000	₩140,000	₩150,000
② 시가(순실현가능가치)	120,000	155,000	130,000
③ 저가평가액	₩120,000	₩140,000	₩130,000

22 (1) ① 재고실사법(실시재고조사법)의 선입선출법: 매출원가 ┌ 600단위×@9 ┐ ＝₩13,800
                                          └ 700단위×@12 ┘

② 계속기록법의 선입선출법: 매출원가 ┌ 100단위×@9 ┐
                              │ 200단위×@9 │
                              │ 250단위×@9 ├ ＝₩13,800
                              │ 50단위×@9 │
                              └ 700단위×@12 ┘

(2) (차) 재고자산감모손실 750   (대) 재고자산(상품) 750
   ┌ 장부상의 재고수량: 400개 ┐
   └ 재고실사 재고수량: 350개 ┘
     ＝50개×@15＝₩750

23 (1)

	원가	매가		원가	매가
기초재고	₩18,000	₩30,000	매 출		₩259,000
매 입	157,000	262,000	매출환입		(12,000)
운 임	9,000				
매입환출	(4,000)	(7,000)	기말재고		
	₩180,000	₩285,000		₩180,000	₩285,000

① 원가율: ₩180,000÷₩285,000＝0.6316

② 기말재고(매가): ₩285,000－(₩259,000－₩12,000)＝₩38,000

③ 기말재고(원가): ₩38,000×0.6316＝₩24,000

(2) 재고실사가 불가능하거나 비경제적인 경우에 타당하다. 즉, 백화점이나 대형할인점일

경우에 사용이 가능하다.

(3) ① 원가율: ($W180,000 - W18,000) ÷ (W285,000 - W30,000) = W162,000 ÷ W255,000$
$= 0.6353$

② 기말재고(원가): $W38,000 × 0.6353 = W24,141$

24 ① 기말재고량: 10,000개 + (14,000개 + 8,000개)

$-$ (2,000개 + 4,000개 + 10,000개 + 7,000개) = 9,000개

② 기말재고액 $\begin{bmatrix} 1,000개 × @50 = W50,000 \\ 8,000개 × @60 = W480,000 \end{bmatrix} = W530,000$

25 ① 순매출액: $W182,000 - W17,000 = W165,000$

② 매출원가: $W165,000 × 0.7 = W115,500$

③ 기말재고원가: ($W25,000 + W128,000 - W4,000) - W115,500 = W33,500$

26 (1) ① 기말재고수량: (400개 + 600개 + 1,500개) $-$ (800개 + 700개 + 500개) = 500개

② 기말재고액
• 선입선출법: 500개 × @150 = $W75,000$

(2) ① 기말재고수량: 500개

② 기말재고액
• 선입선출법: 500개 × @150 = $W75,000$

③ 매출원가 $W337,000 - W75,000 = W262,000$

27 화재손실액

$W2,500,000 + W17,000,000 - W20,000,000 × (1 - 0.25) = W4,500,000$

28 ① FOB선적지조건 적송상품 30,000: 무악회사(판매자)가 아직 선적을 하지 않았으므로 무악회사(판매자)의 재고이기 때문에 재고자산에 포함되는 것이 옳다.

② FOB선적지조건 매입상품 50,000: 무악회사(매입자)의 재고자산에 포함되는 것이 옳다.

∴ B/S상 재고자산 금액: 1,500,000 + 50,000 = 1,550,000

29 ① 원가율: $W166,600 ÷ W231,000 = 0.7212$

② 기말재고(매가): $W280,000 - W221,200 = W58,800$

③ 기말재고(원가): $W58,800 × 0.7212 = W42,407$

30 (1) ① 기말재고수량＝100개＋1,000개－900개＝200개

② 기말재고액＝200개×@100＝₩20,000

③ 매출원가＝900개×@100＝₩90,000

(2) ① 매출수량＝100개×1,000개－100개＝1,000개

② 매출원가＝1,000개×@100＝₩100,000

③ 기말재고액＝100개×@100＝₩10,000

(3) ① 매출원가 ┌정상매출분: 900개×@100＝₩90,000 ┐ ＝₩93,000
　　　　　　 └정상감모손실: 30개×@100＝₩3,000 ┘

② 기말재고액: 100개×@100＝₩10,000

③ 영업외(기타)비용(비정상감모손실): 70개×@100＝₩7,000

31
장부상의 기말재고	₩270,000
수탁판매상품	(20,000)
운송중인 판매상품	(20,000)
시송품의 이익분	(8,000)*
적송품의 이익분	(10,000)**
수정된 기말재고	₩212,000

* 원가: ₩40,000÷1.25＝₩32,000
　이익: ₩40,000－₩32,000＝₩8,000

** 원가: ₩50,000×0.8＝₩40,000
　이익: ₩50,000－₩40,000＝₩10,000

∴ 기말재고: ₩212,000

32 선입선출법 ┌기말재고액 ┌10개×@12,000 ┐＝₩250,000 ┐＝₩650,000
　　　　　　　│　　　　　 └10개×@13,000 ┘
　　　　　　　└매출원가: 20개×@20,000＝₩400,000

33
	취득원가	판매단가	추정판매비	순실현가능가치	저가평가액
가:	₩1,000	₩1,500	₩300	₩1,200	₩1,000
나:	₩800	₩900	₩200	₩700	₩700
다:	₩1,200	₩1,400	₩250	₩1,150	₩1,150

∴ 나, 다는 저가로 평가

나: 300개×(₩800－₩700)＝₩30,000

다: 200개×(₩1,200－₩1,150)＝₩10,000

(차) 매출원가(재고자산평가손실)　　40,000　　(대) 재고자산평가충당금　　40,000

10 유형자산 및 무형자산

익힘 문제

01 매입원가에 매입운임을 가산하고 유형자산에 고유한 것으로 설치비, 중개료, 등기비도 포함시켜야 한다. 회사가 직접 제작하거나 또는 건설한 경우에는 건축허가비, 설계비, 노임, 공사비 등이 포함되어야 한다.

02 자산을 교환하는 경우에 취득원가를 결정하는 방법에는 여러 가지가 있을 수 있으나 가장 좋은 방법은 교환한 대가로 지급한 금액과 교환으로 나간 자산의 실제가격(시장가격)을 합한 금액으로 정하는 것이다. 구체적으로는
　┌ 제공자산 공정가치가 명확한 경우, 제공한 자산의 공정가치,
　├ 제공자산 공정가치가 불분명한 경우, 취득한 자산의 공정가치,
　└ 제공자산 및 교환자산의 가치가 둘 다 불분명한 경우, 제공한 자산의 장부금액으로 한다.

03 고객의 호의로 인하여 다른 동종기업의 평균수익력보다 높은 수익력을 올릴 수 있을 때 그 원인을 평가한 것이다. 영업권(goodwill)은 특정기업이 우수한 인력, 뛰어난 신용관계, 기업의 좋은 이미지 등 동종의 타 기업에 비해 우위를 가지는 사항을 집합한 무형의 자원으로서 합병 및 영업양수 등의 경우에 유상 취득한 경우에 인식한다.

04 영업권을 결정할 때는 초과수익력, 초과수익력의 계속성, 초과수익력의 이전성을 고려해야 한다.

05 기업이 자체 사용할 목적으로 건설 중에 있는 유형자산이 완성될 때까지 소요된 재료비 · 노무비 등의 비용을 처리하는 자산계정을 의미.

06 유형자산의 내용연수를 연장시키거나 가치를 실질적으로 증가시키는 지출은 자본적 지출

로 처리하고, 유형자산의 원상을 회복시키거나 능률유지를 위한 지출은 수익적 지출로 본다. 자본적 지출과 수익적 지출로 구분하는 이유는 수익·비용대응의 원칙에 따라 적정한 기간이익을 측정하기 위해서이다. 즉, 수익적 지출은 당기의 수익을 창출하는 데만 영향을 미치고, 자본적 지출은 미래기간의 수익창출에 영향을 미치므로 미래기간에 걸쳐 비용화시킴으로써 보다 적정한 기간이익을 보고할 수 있는 것이다.

07 토지매입과 관련하여 취득원가를 자본화시킬 수 있는 비용은 토지와 건물의 매입가액, 구건물 철거비용, 등기료, 토지정지비, 구획정리, 청소 등에 소요된 비용을 토지의 원가로 자본화시킬 수 있다.

08 감가상각의 목적은 사용가능연수에 걸쳐 자산의 원가 중 기간비용으로 배분할 금액을 결정하는 것이다.

09 사용에 의한 소모나 시간의 경과에 따르는 퇴화로 인한 물리적·내부적 원인과 부적응 또는 불충분이나 구식·진부화로 인한 기능적·외부적 원인이 있다.

10 감가상각의 기본요소에는 기초가액, 잔존가액, 추정내용연수가 있다.

11 정액법(또는 직선법), 체감법, 비례법 등 여러 가지가 있다.

12 감가상각누계액은 단순히 자산에 대한 차감계정이지 부채도 적립금도 아니기 때문에 자금조달의 원천이 될 수 없다. 그러나, 감가상각비의 경우에는 손익계산서항목으로서 당기순이익을 줄이게 되므로 법인세가 존재하는 경우 법인세 절감효과가 나타나므로 자금조달의 원천이 된다.

13 (4) 감가상각이란 유형자산의 취득원가를 그 자산의 경제적 효익이 발생하는 기간동안 체계적이고 합리적으로 배분하는 과정이다.

연습 문제

01 (차) 토　　지　　　　1,000,000　　　(대) 당좌예금　　　3,000,000
　　　 광　　산　　　　2,000,000　　　　　 감가상각누계액　300,000
　　　 감가상각비　　　　300,000

$$* (₩1,000,000 + ₩2,000,000) \times \frac{₩500,000}{₩5,000,000} = ₩300,000$$

(차) 적송비	930,000		(대) 당좌예금	930,000	

02 • 처분에 관한 분개

(차) 감가상각누계액	3,500		(대) 기　　계	6,000	
유형자산처분손실	3,100		현　　금	600	

• 취득에 관한 분개

(차) 기　　계	12,900		(대) 현　　금	2,100	
			미지급금	10,800	

03

(차) 감가상각누계액	2,700		(대) 발동기(구)	3,000	
(차) 발동기(신)	1,400		(차) 현　　금	1,100	

04 토지의 취득원가

호텔의 취득원가	₩2,000,000
등기이전비	20,000
제거비	350,000
공사를 위한 대지확장비	100,000
영업이익(10.1~4/1)	(300,000)
	₩2,170,000

05 ① 감가상각에 대한 분개

(차) 감가상각비(건물)	24,000		(대) 감가상각누계액(건물)	24,000	
감가상각비(기계)	18,000		감가상각누계액(기계)	18,000	

② 공장폐쇄에 관한 분개

(차)	감가상각누계액(건물)	1,574,000	(대) 건　　물	2,000,000	
	현　　금	114,000			
	유형자산(건물)처분손실	312,000			
(차)	감가상각누계액(기계)	338,000	(대) 기　　계	400,000	
	현　　금	13,000			
	유형자산(기계)처분손실	49,000			

06 (1) ① (차) 현   금   1,000,000   (대) 자본금   1,000,000

② (차) 탄   광   200,000   (대) 현   금   600,000

　　 기   계   300,000

　　 건   물   100,000

③ (차) 소모품   3,000   (대) 미지급금   3,000

④ (차) 관리비   6,000   (대) 현   금   28,000

　　 판매비   2,000   (차) 소모품   1,000

　　 직접노무비   20,000

　　 소모품비   1,000

⑤ (차) 매출채권   60,000   (대) 매   출   60,000

⑥ (차) 미지급금   3,000   (대) 현   금   3,000

⑦ (차) 현   금   40,000   (대) 매출채권   40,000

〈수정분개〉

① (차) 탄광감가상각비   2,500   (대) 감가상각누계액(탄광)   2,500

② (차) 기계감가상각비   15,000   (대) 감가상각누계액(기계)   15,000

③ (차) 건물감가상각비   2,500   (대) 감가상각누계액(건물)   2,500

④ (차) 석탄(재고자산)   41,000   (대) 직접노무비   20,000

　　　　　　　　　　　　　　　　탄광감가상각비   2,500

　　　　　　　　　　　　　　　　기계감가상각비   15,000

　　　　　　　　　　　　　　　　건물감가상각비   2,500

　　　　　　　　　　　　　　　　소 모 품 비   1,000

⑤ (차) 매출원가   32,800   (대) 석탄(재고자산)   32,800

(2)　 (차) 집합손익   6,000   (대) 관리비   6,000

　　　 집합손익   2,000   (차) 판매비   2,000

　　　 집합손익   32,800   (차) 매출원가   32,800

　　　 매   출   60,000   (차) 집합손익   60,000

　　　 집합손익   19,200   (차) 이익잉여금   19,200

(3)

재무상태표

한성광업주식회사	20×1년 12월 31일 현재		(단위: 원)
현 금	409,000	자본금	1,000,000
매출채권	20,000	이익잉여금	19,200
소 모 품	2,000		
재고자산(석탄)	8,200		
탄 광	200,000		
감가상각누계액	(2,500)		
기계장치	300,000		
감가상각누계액	(15,000)		
건 물	100,000		
감가상각누계액	(2,500)		
	1,019,200		1,019,200

손익계산서

한성광업주식회사	20×1. 7. 1.~ 20×1. 12. 31.	(단위: 원)
매 출		60,000
매출원가		(32,800)
판매비		(2,000)
관리비		(6,000)
당기순이익		19,200

07 (1) 12/31의 분개

① (차) 감가상각비 50,000 (대) 감가상각누계액(건물) 50,000

② (차) 감가상각비* 30,000 (대) 감가상각누계액(기계) 30,000

$$* \ (₩157,000 - ₩7,000) \times \frac{3}{5+4+3+2+1} = ₩30,000$$

③ (차) 무형자산(특허권)상각비 1,500 (대) 무형자산(특허권) 1,500

④ (차) 무형자산(광업권)상각비* 150,000 (대) 무형자산(광업권) 150,000

$$* \ ₩750,000 \times \frac{₩10,000}{₩50,000} = ₩150,000$$

(2) 부분재무상태표(20×3.12.31)

Ⅲ. 자산

  (1) 유형자산

    ⋮

건물	550,000	
감가상각누계액	(200,000)	350,000
기계장치	157,000	
감가상각누계액	(120,000)	37,000

  (2) 무형자산

특허권	10,500
광업권	600,000

08 (1)

	기계 1	기계 2
정액법*	₩1,000,000	4,000,000*1
정률법**	₩983,040	4,500,000*2
연수합계법***	₩1,090,909	6,285,714*3

* $(₩12,000,000 - ₩2,000,000) \div 10 = ₩1,000,000$

** 20×4년초의 감가상각누계액

  $₩12,000,000 \times 0.2 + (₩12,000,000 - ₩2,400,000) \times 0.2$

  $+ (₩12,000,000 - ₩4,320,000) \times 0.2 + (₩12,000,000 - ₩5,856,000) \times 0.2$

  $= ₩7,084,800$

  20×4년의 감가상각비

  $(₩12,000,000 - ₩7,084,800) \times 0.2 = ₩983,040$

*** $(₩12,000,000 - ₩2,000,000) \times \dfrac{6}{55} = ₩1,090,909$

*1 $(₩25,000,000 - ₩1,000,000) \div 6 = ₩4,000,000$

*2 20×4년초의 감가상각누계액

  $₩25,000,000 \times 0.2 \times \dfrac{6}{12} = ₩2,500,000$

  20×4년초의 감가상각비

  $(₩25,000,000 - ₩2,500,000) \times 0.2 = ₩4,500,000$

*3 $(₩25,000,000 - ₩1,000,000) \times \dfrac{6}{21} \times \dfrac{1}{2} = ₩3,428,571$

  $(₩25,000,000 - ₩1,000,000) \times \dfrac{5}{21} \times \dfrac{1}{2} = \underline{₩2,857,143}$

                                           $\underline{\underline{₩6,285,714}}$

(2) 유형자산(기계)처분손익

기계취득가액	12,000,000
감가상각누계액	$4,000,000 + 500,000 = 4,500,000$
기계매각액	4,000,000
처분손실	3,500,000

(분개) 20×4년 6월 30일

(차) 감가상각누계액	4,500,000	(대) 기　계	12,000,0000
현　금	4,000,000		
유형자산처분손실	3,500,000		

09　20×3. 1. 1의 감가상각누계액

$$(474,000 - 24,000) \times \frac{9+8}{45} = 170,000$$

20×3년의 감가상각비

$$(474,000 - 24,000 - 170,000) \times \frac{6}{21} = 80,000$$

(차) 감가상각비	80,000	(대) 감가상각누계액	80,000

10　(1) 20×3년의 감가상각누계액 계산

$$20×1년\quad 250,000 \times \frac{5}{15} \times \frac{1}{6} = 41,666.67$$

$$20×2년 \begin{cases} 250,000 \times \frac{5}{15} \times \frac{1}{2} = 41,666.67 \\ 250,000 \times \frac{4}{15} \times \frac{1}{2} = 32,333.33 \end{cases}$$

$$20×3년 \begin{cases} 250,000 \times \frac{4}{15} \times \frac{1}{2} = 32,333.33 \\ 250,000 \times \frac{3}{15} \times \frac{1}{2} = 25,000 \\ \hline \quad\quad\quad\quad\quad 175,000① \end{cases}$$

∴ 20×3년의 감가상각비 $33,333 + 25,000 = 58,333$

(2) 20×4. 4. 1의 기계처분 분개

20×4. 4. 1의 감가상각누계액 $= ① + 250,000 \times \frac{3}{15} \times \frac{1}{4} = 175,000 + 12,500 = 187,500$

(차) 감가상각누계액	187,500	(대) 기　계	260,000
현　금	80,000	(대) 유형자산처분차익	7,500

11 (1) (차) 기계 A   12,750,000   (대) 미지급금   12,500,000

                                                        당좌예금   250,000

        (차) 기계 B   13,000,000   (대) 미지급금   12,500,000

                                                        당좌예금   500,000

(2) (차) 감가상각비   3,825,000   (대) 감가상각누계액(기계 A)   3,825,000

$$(12,750,000-1,275,000) \times \frac{5}{15} = 3,825,000$$

        (차) 감가상각비   2,340,000   (대) 감가상각누계액(기계 B)   2,340,000

$$(13,000,000-1,300,000) \times \frac{1}{5} = 2,340,000$$

(3) (차) 감가상각비   1,530,000   (대) 감가상각누계액(기계 A)   1,530,000

        감가상각누계액(기계 A)   5,355,000   기계 A   12,750,000

        현 금   10,000,000   기계처분차익   2,605,000

$$3,825,000 + (12,750,000-1,275,000) \times \frac{4}{15} \times \frac{1}{2} = 5,355,000$$

(4) (차) 감가상각비   1,040,000   (대) 감가상각누계액(기계 B)   1,040,000

$$(13,000,000-1,300,000-2,340,000) \times \frac{1}{9} = 1,040,000$$

12 (1) 구건물 철거비
       암석의 제거비용   }   토지의 원가에 산입되므로 감가상각하지 않는다.
       진입로공사
       건물의 증축비용 — 기존건물의 원가에 가산하며 기존건물의 잔존 내용연수와 증축건
                                    물의 내용연수 중 짧은 기간에 걸쳐서 상각한다.

(2) 토지와 건물의 순장부가액과 매각금액을 비교하여 처분손익을 구한다. 이 때 순장부가
     액은 각각의 취득원가에 자본적 지출을 더한 값으로 한다.

13 (1) 토지의 취득원가
     50,000×6.1446(10년, 10%의 연금현가) = ₩307,230
(2) 20×1. 1. 1, 12. 31의 분개

(20×1. 1. 1)
(차) 토   지   307,230   (대) 장기미지급금   500,000
     현재가치할인차금(장기)   192,770

(20×1. 12. 31)
(차) 장기미지급금   50,000   (대) 현   금   50,000
     이자비용*   30,723   현재가치할인차금(장기)   30,723

* $307,230 \times 0.1 = 30,723$

장기미지급금	50,000	유동성장기부채	50,000
현재가치할인차금(단기)	4,545	현재가치할인차금(장기)	4,545

(1년, 10% 연금의 현가계수: 0.9091)

$$\left(\frac{1}{(1+01)^1} \right)$$

(3)

재무상태표

유동부채	
유동성자기차입부채	₩50,000
현재가치할인차금	(4,545)
기타비유동부채	
장기미지급금	₩400,000
현재가치할인차금	(157,502)

14 손익계산서에 당기비용으로 계상하여야 할 금액

- 건물지붕의 경상적 파손으로 인한 수선   ₩9,000,000
- 건물의 감가상각비   320,000
- 기계의 수선유지비   1,300,000
- 기계의 감가상각비   <u>200,000</u>
-   <u>₩10,820,000</u>

15 (1) 감가상각비 $= \dfrac{100,000 - 10,000}{20} = 4,500$

20×1년과 20×2년 분개 동일

(차) 감가상각비   4,500   (대) 감가상각누계액   4,500

(2), (3)

20×1. 12. 31. 현재

건 물	100,000	건 물	100,000
감가상각누계액	<u>(4,500)</u> 95,500	감가상각누계액	<u>(9,000)</u> 91,000

(4) 물리적·내부적 원인과 기능적·외부적 원인을 고려하여 내용연수를 추정한다.

16 (1)

연 도	정 액 법	정 률 법	연수합계법
1	19,795.2	60,000	32,992
2	19,795.2	24,000	26,393.6
3	19,795.2	9,600	19,795.2
4	19,795.2	3,840	13,196.8
5	19,795.2	1,536	6,598.4
합 계	98,976.0	98,976	98,976.0

정액법 $\dfrac{100,000-1,024}{5}=19,795.2$

정률법 $1-\sqrt[5]{\dfrac{1,024}{100,000}}=1-\dfrac{4}{10}=0.6$

연수합계법

1차연도 $=(100,000-1,024)\times\dfrac{5}{15}=32,992.0$

2차연도 $=$ 〃 $\times\dfrac{4}{15}=26,393.6$

3차연도 $=$ 〃 $\times\dfrac{3}{15}=19,795.2$

4차연도 $=$ 〃 $\times\dfrac{2}{15}=13,196.8$

5차연도 $=$ 〃 $\times\dfrac{1}{15}=6,598.4$

(2) 자산의 수익력이 초기에 많은 경우 정률법을 사용하는 것이 합리적이다.

17 (1) $10,000\times\dfrac{2,000}{20,000}=1,000$

(차) 감가상각비　　　　　1,000　　(대) 감가상각누계액　　　　1,000

(2) 진부화된 시점에서 미상각 장부가액을 전액 상각한다.

18 전진법의 경우: 내용연수의 변경은 회계추정의 변경으로서 그 영향이 당기 이후의 기간에 걸쳐 발생하는 것으로 하므로 수정분개가 필요없음.

① 20×4년까지의 감가상각누계액

　　$10,000\div20\times5=2,500$

② 20×5년의 감가상각비

　　$(10,000-2,500)\times\dfrac{1}{5}=1,500$

소급법의 경우: 기업회계기준에 위배되나 이론적인 측면에서 계산하면 다음과 같다.

① 회계변경의 누적효과
- 20×0년부터 20×4년까지 감가상각비누계액(내용연수 20년) : $10,000 \div 20 \times 5$
$$= 2,500$$
- 20×0년부터 20×4년까지 감가상각비누계액(내용연수 10년) : $10,000 \div 10 \times 5$
$$= 5,000$$
- 차이 : ₩5,000 − ₩2,500 = ₩2,500
- 수정분개 : (차) 이익잉여금　　2,500　　(대) 감가상각누계액　　2,500

② 20×5년도 감가상각비

$$(10,000 - 5,000) \times \frac{1}{5} = 1,000$$

19 (1) (차) 건　　　물　　200,000　(대) 현　　　금　　200,000

(2) 건물감가상각비 : $\dfrac{150,000 - 15,000}{20} = 6,750$

냉난방장치감가상각비 : $\dfrac{50,000 - 5,000}{10} = 4,500$

20×1년의 감가상각비 : $6,750 + 4,500 = 11,250$

(3) 건물감가상각비 : $150,000 \times 0.109 = 11,250$

냉난방장치감가상각비 : $50,000 \times 0.206 = 16,350$

20×1년의 감가상각비 : $16,350 + 10,300 = 26,650$

20 (1) $(10,000,000 - 1,000,000) \times \dfrac{1}{5} = 1,800,000$

(2) $(10,000,000 - 1,000,000) \times \dfrac{3}{15} = 1,800,000$

21 상각률 : $\dfrac{1}{8} \times 2 = 0.25$

20×1년의 감가상각비 : $22,000 \times 0.25 \times \dfrac{6}{12} = 2,750$

20×2년의 감가상각비 : $(22,000 - 2,750) \times 0.25 = 4,812.5$

22 20×0~20×4년까지 상각액 : $\left(\dfrac{1,500,000 - 150,000}{10} \right) \times 5 = 675,000$

20×5년 상각액 : $(1,500,000 - 675,000 - 100,000) \times \dfrac{1}{4} = 181,250$

23

2000~2009년까지 상각액 : $\dfrac{30,000,000}{20} \times 10 = 15,000,000$

2010년 상각액 : $\dfrac{(30,000,000 - 15,000,000 + 5,000,000)}{(20-10+5)} = 1,333,333$

24

2000~2009년까지 상각액 : $\dfrac{600,000 - 0}{20} \times 10 = 300,000$

2010년 상각액 : $\dfrac{(60,000,000 - 300,000 + 180,000)}{(20-10+5)} = 32,000$

25

	20×0년	20×1년	20×2년	계
(1) 정액법	$\dfrac{1,000,000-100,000}{5}$ $=180,000$	180,000	180,000	540,000
(2) 정률법	$1,000,000 \times 0.369$ $=369,000$	$(1,000,000-369,000)$ $\times 0.369 = 232,839$	$(1,000,000-369,000)$ $-232,839) \times 0.369 =$ $146,921$	748,760
(3) 정액법의 배법	$1,000,000 \times \left(\dfrac{1}{5} \times 2\right)$ $=400,000$	$(1,000,000-400,000)$ $\times 40\% = 240,000$	$(1,000,000-400,000$ $-240,000) \times 40\% =$ $144,000$	784,000
(4) 연수 합계법	$(1,000,000-100,000)$ $\times \dfrac{5}{15} = 300,000$	$900,000 \times \dfrac{4}{15}$ $=240,000$	$900,000 \times \dfrac{3}{15}$ $=180,000$	720,000
(5) 생산량 비례법	$(1,000,000-100,000)$ $\times \dfrac{10}{40} = 225,000$	$900,000 \times \dfrac{9}{40}$ $=202,500$	$900,000 \times \dfrac{8}{40}$ $=180,000$	607,500

순이익이 가장 큰 방법 : 정액법

법인세 가장 작은 방법 : 정액법의 배법

26

(1) $₩2,000 \div 5 \times \left(\dfrac{6}{12}\right) = ₩200$

(2) 20×1년 : $₩2,200 \times 0.4 \times \left(\dfrac{6}{12}\right) = ₩440$

  20×2년 : $₩(2,200-440) \times 0.4 = ₩704$

(3) 20×1년 : $₩2,000 \times \left(\dfrac{5}{15}\right) \times \left(\dfrac{6}{12}\right) = ₩333$

  20×2년 : $[2,000 \times \left(\dfrac{5}{15}\right) \times \left(\dfrac{6}{12}\right)] + [2,000 \times \left(\dfrac{4}{15}\right) \times \left(\dfrac{6}{12}\right)] \fallingdotseq ₩600$

(4) 유형자산처분손실 = $₩100$

27 (1) 20×1년= ₩1,750,000, 20×2년= ₩1,443,750

(2) 20×1년= ₩1,500,000, 20×2년= ₩1,500,000

(3) 유형자산처분손실 ₩1,900,000

28 (1) 정액법 : 20×1년 : ₩190,000 / 20×2년 : ₩380,000

(2) 정률법 : 20×1년 : ₩450,000 / 20×2년 : ₩697,500

(3) 이중체감법 : 20×1년 : ₩400,000 / 20×2년 : ₩640,000

(4) 연수합계법 : 20×1년 : ₩316,667 / 20×2년 : ₩570,000

(5) 생산량비례법 : 20×1년 : ₩380,000 / 20×2년 : ₩475,000

29 33,000,000원

30 2,333,333원

31 3,000,000원

추정내용년수의 변경시점에 유형자산 장부가액은 ₩12,000,000이며 잔존내용년수는 4년이므로 매년 ₩3,000,000씩 인식한다.

32 (상황 1) 토지 : ₩15,670,000 (=₩15,000,000+700,000−30,000)

(차) 토 지 15,670,000 (대) 현 금 15,670,000

(상황 2) 토지 : ₩6,442,000 (=₩6,342,000(안분)+100,000)

건물 : ₩2,768,000 (=₩2,718,000(안분)+50,000)

(차) 토 지 6,442,000 (대) 현 금 9,210,000

건 물 2,768,000

33 (1) 5,000,000+250,000+350,000+200,000+300,000=6,100,000 (토지), 건물 : 0

(2) (안분) 건물 : 1,400,000, 토지 : 4,200,000

34 공통원가=80,000+2,000=82,000

토지 : $82,000 \times \left(\dfrac{60,000}{100,000} \right) + 1,400 = 50,600$

건물 : $82,000 \times \left(\dfrac{40,000}{100,000} \right) + 1,000 = 33,800$

35 ① 처분한 건물의 취득원가=₩50,000

$$\text{₩}110,000 + \text{₩}200,000 - \text{₩}120,000 - (① - \text{₩}40,000) = \text{₩}180,000$$

② 유형자산처분이익 = ₩2,000

$$\text{₩}12,000 - (\text{₩}50,000 - \text{₩}40,000) = \text{₩}2,000$$

36 ③

37 ①

---

11 금융자산 및 관계기업(지분법적용)투자주식

익힘 문제

01 기업은 고유의 사업목적 이외에 타회사를 지배하거나 통제할 목적 또는 유휴자금의 활용을 위해 타사발행유가증권을 보유한다.

02 증권형금융자산의 종류에는 FVPL금융자산, FVOCI금융자산, AC금융자산, 관계기업(지분법적용)투자주식 등이 있다.

03 유의적인 영향력을 행사하는 주식을 원가법으로 평가할 경우에는 그 액면가액에 관계없이 취득원가로 기록하고 취득후에도 계속하여 취득원가로 평가하는 방법이다. 피투자회사의 순이익 발생여부와 배당금의 지급여부는 투자주식계정에 영향을 미치지 아니하고 다만 피투자회사의 배당금을 수령한 경우에만 당기의 배당수익금으로 처리한다. 유의적인 영향력을 행사하는 주식을 지분법으로 평가할 경우에는 피투자회사의 순자산가액 변동을 투자주식의 장부가액에 직접 반영시키는 방법이다. 피투자회사가 당기에 순이익을 보고하면 투자회사의 지분만큼 투자주식의 장부가액을 증가시킨다. 그리고 배당금을 수령하면 수령한 금액만큼 투자주식의 장부가액에서 감소시킨다. 한국채택국제회계기준에 의하면 유의적인 영향력을 행사하는 주식은 지분법으로 평가하도록 하고 있다.

04 사업모형이 계액상 현금흐름 수취목적인 국채·공채·사채 기타의 채권으로 취득원가와 액면가액이 다른 것은 그 차액을 상환기간에 걸쳐 유효이자율법 등을 적용하여 점차 가감한 가액을 재무상태표가액으로 한다.

i) 액면취득의 경우(시장이자율＝액면이자율)

(차) 현　금　　　　×××　　　　(대) 이자수익　　　×××

ii) 할인취득의 경우(시장이자율＞액면이자율)

(차) 현　　금　　　××× 　　　(대) 이자수익　　　×××
　　 AC금융자산　　×××

iii) 할증취득의 경우(시장이자율＜액면이자율)

(차) 현　　금　　　×××　　　 (대) 이자수익　　　×××
　　　　　　　　　　　　　　　　　　AC금융자산　×××

와 같이 회계처리한다.

05 이자지급이 연 2회이므로 시장이자율은 3.5%(7%÷2)로, 액면이자율은 3%(6%÷2)로 하여 유효이자율법에 의한 상각표를 작성하면 다음과 같다.

일자	유효이자	액면이자	상각액	장부가액
취득일				₩92,864
6개월 후	3,250*	3,000	250	93,114
12개월 후	3,259**	3,000	259	93,373

그러므로 각각 ₩3,250, ₩3,259이 이자수익으로 계상된다.

* 92,864×0.035　　　** 93,114×0.035

연습 문제

01　(차) FVPL금융자산　　　　140,000　　　(대) FVPL금융자산평가이익　140,000

02　(1) 취득일

(차) FVPL금융자산　　　60,000　　 (대) 현　　금　　　　60,600
　　 지급수수료　　　　　600

20×1년말

(차) FVPL금융자산　　　30,000　　 (대) FVPL금융자산평가이익　30,000

20×2년말

(차) FVPL금융자산평가손실　10,000　　(대) FVPL금융자산　　10,000

(2) 취득일

| (차) FVOCI금융자산 | 202,000 | (대) 현 금 | 202,000 |

20×1년말

| (차) FVOCI금융자산 | 298,000 | (대) FVOCI금융자산평가이익 | 298,000 |

20×2년말

| (차) FVOCI금융자산평가이익 | 100,000 | (대) FVOCI금융자산 | 100,000 |

03 (1) 20×1년 3월 1일

| (차) FVOCI금융자산 | 905,000 | (대) 현 금 | 905,000 |

(2) 20×1년 12월 31일

(차) FVOCI금융자산평가손실	325,000	(대) FVOCI금융자산(W)	15,000
		FVOCI금융자산(X)	50,000
FVOCI금융자산(Y)	5,000	FVOCI금융자산평가이익(Y)	5,000
		(자본항목)	
		FVOCI금융자산(Z)	260,000

또는

| (차) FVOCI금융자산평가손실 | 320,000 | (대) FVOCI금융자산(W) | 320,000 |
| (자본항목) | | | |

* W주식 평가손실 : 75,000−60,000 = 15,000
 X주식 평가손실 : 140,000−90,000 = 50,000
 Y주식 평가손실 : 95,000−90,000 = 5,000
 Z주식 평가손실 : 600,000−340,000 = 260,000
 FVOCI금융자산평가손실 : 320,000

(3) 20×2년 4월 1일 처분시

| (차) FVOCI금융자산 | 40,000 | (대) FVOCI금융자산평가손실 | 40,000 |
| (차) 현 금 | 130,000 | (대) FVOCI금융자산 | 130,000 |

(4) 20×2년 12월 31일

(차) FVOCI금융자산(W)	10,000	(대) FVOCI금융자산평가손실	10,000
		(자본항목)	
FVOCI금융자산평가이익	5,000	(차) FVOCI금융자산(Y)	35,000
(자본항목)			
FVOCI금융자산평가손실	30,000		
(자본항목)			
FVOCI금융자산(Z)	160,000	(차) FVOCI금융자산평가손실	160,000
		(자본항목)	

또는

(차) FVOCI금융자산   135,000   (대) FVOCI금융자산평가손실 135,000
                                                    (자본항목)

* W주식 평가손실회복분 : 60,000 − 70,000 = 10,000
  Y주식 평가손실 : 95,000 − 60,000 = 35,000
  Z주식 평가손실회복분 : 340,000 − 500,000 = 160,000

04 (1) 20×1. 1. 4.

(차) FVOCI금융자산   1,000,000   (대) 현   금   1,000,000

20×1년 말

(차) FVOCI금융자산   200,000   (대) FVOCI금융자산평가이익 200,000

20×2년 말

(차) FVOCI금융자산평가이익   200,000   (대) FVOCI금융자산   300,000
        FVOCI금융자산평가손실   100,000

(2) 20×3. 1. 5 40주 처분

(차) FVOCI금융자산평가손실   40,000   (대) FVOCI금융자산   40,000
(차) 현   금   320,000   (대) FVOCI금융자산   320,000

05 <u>원가법</u>

(주식의 취득)   (차) 투자지분증권   30,000
                         (대) 현 금   30,000

(순이익 보고)   분개 없음

(배당금 수령)   (차) 현 금   500
                         (대) 배당금수익   500

<u>지분법</u>

(주식의 취득)   (차) 지분법적용투자주식   30,000
                         (대) 현 금   30,000

(순이익 보고)   (차) 지분법적용투자주식   1,000
                         (대) 지분법이익   1,000

(배당금 수령)   (차) 현 금   500
                         (대) 지분법적용투자주식   500

재무상태표	원가법	지분법
취득원가	₩30,000	₩30,000
(+)순이익	–	1,000
(–)배당금	–	(500)
20×1년말 투자지분증권	₩30,000	₩30,500
손익계산서		
배당금수익	₩500	–
지분법이익	–	₩1,000
	₩500	₩1,000

06
(1) (차) 지분법적용투자주식 2,800,000 (대) 지분법이익 2,800,000
(2) (차) 현 금 2,400,000 (대) 지분법적용투자주식 2,400,000
(3) (차) 지분법적용투자주식 3,200,000 (대) 지분법이익 3,200,000

07 ③

08 ₩13,000,000 + ₩6,000,000 × 0.4 − ₩1,500,000 × 0.4 = ₩14,800,000

09 ④ 올바른 회계처리와 틀린 회계처리를 모두 실시하여 양자간의 차이를 살펴보라.

正(지분법)	誤(원가법)
(1) 지분법적용투자주식 ×××/ (대) 지분법이익 ×××	회계처리 없음.
(2) (차) 현 금 ×××/ (대) 지분법적용투자주식 ×××	(차) 현금 ×××/ (대) 배당금수익 ×××

(1)에서는 ₩4,000,000, (2)에서는 ₩400,000에 해당하는 금액을 회계처리에 대입하면 된다. 회사는 지분법이 맞는데 원가법으로 회계처리하였으므로 (1)분개를 생략하여 투자자산 및 당기순이익을 ₩4,000,000 만큼 과소계상 하였다. (2)분개에서는 당기순이익을 ₩400,000만큼 과대계상하였고 투자자산을 ₩400,000만큼 과대계상하였다. 따라서 종합하면 투자자산과 당기순이익 및 이익잉여금 ₩3,600,000을 과소계상한 결과가 된다.

12 비유동부채

익힘 문제

01 비유동부채는 유동부채와 구별되는 것으로서 재무상태표일로부터 1년 이내에 지급기한이 도래하지 않는 부채를 말하는데, 이에는 장기차입부채(사채, 장기차입금 등), 장기충당부채(퇴직급여충당부채 등), 기타비유동부채(임대보증금 등)가 있다.

02 사채의 액면금액과 발행금액이 차이가 나는 이유는 시장이자율과 액면이자율이 다르기 때문이다. 시장이자율이 액면이자율보다 높을(낮을) 경우에는 액면보다 낮은(높은) 가격으로 발행된다.

03 할인발행, 할증발행, 액면발행

04 (1) 액면이자율 : $\dfrac{20}{1,000} \times 2 = 4\%$

　　 액면이자율 < 시장이자율 → 할인발행
(2) 액면이자율(4%) = 시장이자율 → 액면발행
(3) 액면이자율$\left(5\% = \dfrac{25}{1,000} \times 2\right)$ > 시장이자율 → 할증발행
(4) 액면이자율(5%) = 시장이자율 → 액면발행

05 ② 할인발행된 경우 사채할인발행차금 상각액은 매년 증가한다.

06 (1) $1,000 \div (1+0.06)^{10} = 558$
(2) $70 \times \text{PVIFA}(6\%, \ 10년) = 515$
(3) $558 + 515 = 1,073$
(4) 이자현가 : $1,000 \times 7\% \times \text{PVIFA}(10년, \ 7\%)$: $\underline{492}$
　　원리현가 : $1,000 \times \text{PVIFA}(10년, \ 7\%)$: $\underline{\quad 508 \quad}$
　　　　　　　　　　　계　　　　　　　 1,000
(5) ① 1/1
　　　(차) 현　　금　　　　1,000　　(대) 사　채　　　　1,000

② 12/31

　(차) 이자비용　　　　　　　70　　　(대) 현　　금　　　　　　70

07　(1) 사채의 현가 : $1,000×3\%×PVIFA(4\%, 40년)+1,000×PVIFA(4\%, 40년)=802$

　　　(차) 현　　금　　　　　802　　　(대) 사　　채　　　　1,000
　　　　　사채할인발행차금　　198

　　(2)　(차) 이자비용　　　　32.08　　(대) 미지급이자　　　　30
　　　　　　　　　　　　　　　　　　　　사채할인발행차금　　2.08

　　　　　$802×4\%=32.08$

　　(3)　(차) 이자비용　　　　32.16　　(대) 미지급이자　　　　30
　　　　　　　　　　　　　　　　　　　　사채할인발행차금　　2.16

　　　　　$804×4\%=32.16$

연습 문제

01　(1) 유효이자율법

　① 20×3년 4월 1일(발행시)

　　(차) 현　　금　　　598,008　　　(대) 사　　채　　　　500,000
　　　　　　　　　　　　　　　　　　　사채할인발행차금　98,008

　② 20×3년 10월 1일(이자지급시)

　　(차) 이자비용　　　　17,940　　(대) 현　　금　　　20,000*
　　　　사채할인발행차금　2,060**

　　　*$500,000×4\%=20,000$

　　　**$598,008×3\%-20,000=2,060$

　③ 20×3년 12월 31일(결산분개)

　　(차) 이자비용　　　　8,939　　　(대) 미지급이자　　　10,000*
　　　　사채할인발행차금　1,061**

　　　*$500,000×4\%×3/6=10,000$

　　　**$(598,008-2,060)×3\%×3/6-10,000=1,061$

　④ 20×4년 4월 1일(이자지급시)

　　(차) 미지급이자　　　10,000*　　(대) 현　　금　　　20,000
　　　　이자비용　　　　　8,939
　　　　사채할인발행차금　1,061**

　　　*$500,000×4\%×3/6=10,000$

$**(598,008-2,060)\times3\%\times3/6-10,000=1,061$

(2) 본 사채는 할증발행되었다. 즉, 사채의 액면금액보다 발행금액이 크다. 그 이유는 사채 발행자가 지급하는 이자액이 시장이자율보다 크기 때문이다.

(3) 유효이자율법

재무상태표

사채	500,000
사채할증발행차금	<u>74,387</u>* 574,387

* 사채의 현가 : $500,000\times4\%\times PVIFA(3\%,~20)+500,000\times PVIFA(3\%,~20)-500,000$

---

02 (1) 가. 액면이자율 6%인 경우

① 이자의 현가 : $4,000,000\times6\%\times PVIFA(8\%,~10년)$: 1,610,420

② 원금의 현가 : $4,000,000\times PVIFA(8\%,~10년)$: <u>1,852,774</u>

     사채의 발행금액   <u>3,463,194</u>

나. 액면이자율이 10%인 경우

① 이자의 현가 : $4,000,000\times10\%\times PVIFA(8\%,~10년)$: 2,684,033

② 원금의 현가 : $4,000,000\times PVIF(8\%,~10년)$: <u>1,852,774</u>

     사채의 발행금액   <u>4,536,807</u>

(2) 액면이자율이 10%이면 시장이자율 8%보다 높게 된다. 따라서 사채의 발행금액은 액면금액보다 커지게 된다.

(3) 가. 액면이자율 6%인 경우 사채이자 계산표

시점	장부금액	지급이자	액면이자	할인차금상각액	미상각할인차금
0	3,463,194				536,806
1	3,500,250	277,056	240,000	37,056	499,750
2	3,540,270	280,020	240,000	40,020	459,730

——— [이유] ———————————————————————

사채이자=장부금액×유효이자율

할인발행의 경우 사채의 장부금액은 만기로 접근할수록 증가하므로 이자비용은 시간이 경과함에 따라 증가하는 모양이 된다.

———————————————————————————————

나. 액면이자율 10%인 경우 사채이자 계산표

시점	장부금액	액면이자	지급이자	할인차금상각액
0	4,536,807			
1	4,499,752	400,000	362,945	37,055
2	4,459,732	400,000	359,980	40,020

—— [이유] ——

사채이자＝사채의 장부금액×유효이자율

만기로 갈수록 사채의 장부금액이 액면가액으로 접근한다(감소한다).

따라서 이자비용은 감소하게 된다.

03 1) 사채의 현재가치

　① 이자의 현가 : 800,000×5%×PVIFA(6%, 10) : 294,407

　② 원금의 현가 : 800,000×PVIFA(6%, 10)　 : 446,712

　　사채의 현재가치　　　　　　　　　　　　741,119

2) 사채할인발행차금: 800,000−741,119＝58,881

20×2년 7월 1일 분개

(차) 현　　금　　　　741,119　　(대) 사　　채　　　　800,000

　　사채할인발행차금　　58,881

04

일자	동대문주식회사(발행자)			서대문주식회사(투자자)		
① 20×3.1.1	(차)현　금	96,000	(대)사　채　　100,000	(차)투자채무증권	96,000	
(사채발행시)	사채할인발행차금	4,000		(대)현　금		96,000
② 20×3.12.31	(차)이자비용	7,800		(차)현　금	7,000	
			(대)현 금　　7,000	투자채무증권	800	
			사채할인발행차금　800	(대)이자수익		7,800
③ 20×7.12.31	(차) 이자비용	7,800		(차)현　금	7,000	
			(대)현 금　　7,000	투자채무증권	800	
			사채할인발행차금　800	(대)이자수익		7,800
	(차)사　채	100,000		(차)현　금	100,000	
			(대)현 금　　100,000	(대)투자채무증권		100,000

05 가. 사채의 발행금액

　① 이자원가 : 100,000×0.1×PVIFA(15%, 3년)　 : 22,832

② 원금현가 : 100,000×PVIFA(15%, 3년) : 65,752

계   88,584

나. 사채할인발행차금 상각표

① 사채할인발행차금 : 100,000－88,584＝11,416

② 상각표

일 자	장부금액	액면이자	지급이자	할인차금상각액
20×1. 1. 2	88,584			
20×1. 12. 31	91,872	10,000	13,288	3,288
20×2. 12. 31	95,653	10,000	13,781	3,781
20×3. 12. 31	100,000	10,000	14,347	4,347
합 계		30,000	41,416	11,416

다. 회계처리

① 20×1년 1월 2일

(차) 현 금   88,584   (대) 사 채   100,000

　　사채할인발행차금 11,416

② 20×1년 12월 31일

(차) 이자비용   13,288   (대) 현 금   10,000

　　　　　　　　　　　　　　　　사채할인발행차금   3,288

③ 20×2년 6월 30일

(차) 이자비용   3,445*   (대) 현 금   51,000

　　사 채   50,000   (대) 사채할인발행차금 4,064**

　　사채상환손실   1,619

　　　*13,781×50%×6/12－3,445

　　　**(3,781＋4,347)×0.5＝4,064

④ 20×2년 12월 31일

(차) 이자비용   6,891   (대) 현 금   5,000

　　　　　　　　　　　　　　　　사채할인발행차금   1,891*

　　　*3,781×0.5

⑤ 20×3년

(차) 이자비용   7,173   (대) 현 금   5,000

　　　　　　　　　　　　　　　　사채할인발행차금   2,173

　　사 채   50,000   현 금   50,000

06 $n=5$, $r=12\%$일 때 ₩1의 현가계수: 0.5674, 연금 ₩1의 현가계수: 3.6048 이용
발행가액=₩92,788,000

(1) ₩93,922,560   (2) ₩11,134,560   (3) ₩57,212,000

07   (1) 발행금액=475,990

(2) 20×7년의 이자비용=57,972(사채기간 동안 인식되는 총이자비용=174,010)

(3) 장부금액=491,080(=475,990+7,118+7,972)

08   (1) 사채의 발행금액 ₩254,592

(기말장부가액 ₩282,240-사채할인발행차금 상각액 ₩27,648)

사채의 유효이자율 25%

(20×8년 총이자비용 ₩63,648÷기초장부금액 ₩254,592)

(2) 총이자비용 ₩213,408

(액면이자 ₩36,000×3년+사채할인발행차금 ₩105,408)

(3) (차) 현   금   254,592   (대) 사   채   360,000

사채할인발행차금   105,408

09   (1) 사채상환이익 ₩3,171

(2) ₩34,452

10   ①

11   (1) W 4,657,420 = 5,000,000×0.6575+600,000×2.2832

(2) 713,405 = (4,657,420+98,613)×0.15

(3) 4,869,437 = 4,657,420+98,613+113,404

(4) 2,142,580 = 600,000×3+342,580 = (600,000×3+5,000,000)−4,657,420

13 자본

익힘 문제

01 회사의 이익률이 평균기업의 이익률보다 높은 경우로서 액면금액을 초과하는 부분은 주식발행초과금으로 처리한다.

02 자기주식이란 기발행주식 중 발행회사가 매입 또는 증여에 의하여 취득한 주식을 말한다. 자기주식은 자본의 차감항목(자본조정)으로 처리한다.

03 (1) 옳다.
(2) 옳지 않다.
(3) 옳지 않다.
(4) 옳지 않다.

04 자본잉여금은 통상적인 영업활동과 직접 관계가 없는 자본거래로부터 나타나는 잉여금으로서 주식발행초과금, 감자차익 및 기타자본잉여금으로 이루어진다. 이익잉여금은 기업의 정상적인 영업활동의 결과로 발생한 순이익을 원천으로 하는 적립금으로서 여기에는 이익준비금, 기타 법정적립금, 임의적립금, 미처분이익잉여금(또는 미처리결손금)이 있다.

05 보통주와 우선주가 있다.

06 재무상태표의 한 항목으로서 다음의 측면에서 파악된다.
① 자산에서 부채를 차감한 잔여지분이다.
② 기업의 순자산의 원천을 의미한다.
③ 법률적인 측면에서 파악된다.

07 주식분할이란 기존의 주주들로부터 추가적으로 자금을 납입받지 않고 새로운 주식을 발행하는 것을 말한다.

08 주식배당을 하면 자산이나 자본의 금액에 아무런 영향도 미치지 못하고 이익잉여금의 일부를 납입자본으로 전환시켜 자본의 구성에 변화를 가져올 뿐이다. 이때 주식수는 늘어도 주식의 액면가액은 변하지 않는다. 한편 주식분할은 주식수를 증가시키고 주식의 액면가액을 감소시킨다. 또한 총자본의 금액은 변함이 없다.

09 〈분개〉 (차) 자기주식　　　7,000,000　　　(대) 외상매출금　　　7,000,000
이 경우 자기주식은 자본조정항목으로서 자기자본에서 취득원가로 차감표시하도록 되어 있다.

10 주식발행초과금은 자본잉여금의 일부로서 자본준비금을 구성하도록 규정되어 있다. 주식할인발행차금은 주식발행초과금과 상계하고, 그를 초과하는 금액은 주식발행연도부터 3년 이내의 기간에 매기 정액법으로 상각하며 이 때 상각은 이익잉여금의 처분으로 하도록 되어 있다. 다만 결손이 있는 경우에는 차기 이후연도에 이월하여 상각할 수 있다.

연습 문제

01　(1) 분개없음

(2) 당좌예금　　　25,000,000　　　자본금　　　　　25,000,000

(3) (차) 자 본 금　　　10,000,000　　　(대) 미처리결손금　　7,000,000
　　　　　　　　　　　　　　　　　　　　감자차익　　　　3,000,000

(4) (차) 자 본 금　　　10,000,000　　　(대) 현　　금　　　9,000,000
　　　　　　　　　　　　　　　　　　　　감자차익　　　　1,000,000

　　또는

　　(차) 자기주식　　　9,000,000　　　(대) 현　　금　　　9,000,000
　　(차) 자본금　　　　10,000,000　　　(대) 자기주식　　　9,000,000
　　　　　　　　　　　　　　　　　　　　감자차익　　　　1,000,000

(5) (차) 당기순이익　　　1,000,000　　　(대) 미처분이익잉여금　1,000,000
　　(차) 미처분이익잉여금　1,200,000　　(대) 별도적립금　　　50,000
　　　　　　　　　　　　　　　　　　　　이익준비금　　　80,000
　　　　　　　　　　　　　　　　　　　　미지급배당금　　500,000
　　　　　　　　　　　　　　　　　　　　감채적립금　　　50,000
　　　　　　　　　　　　　　　　　　　　사업확장적립금　420,000
　　　　　　　　　　　　　　　　　　　　이월이익잉여금　100,000

02

	우선주	보통주	합계
당기배당액	$₩10×50,000×4%$ $=₩20,000$	$₩5×200,000×4%$ $=₩40,000$	₩60,000
잔여배당액	$(72,000-60,000)×$ $\dfrac{10×50,000}{(10×50,000+5×200,000)}$ $=4,000$	$12,000×$ $\dfrac{1,000,000}{(500,000+1,000,000)}$ $=8,000$	12,000
	$=₩24,000$	$=₩48,000$	₩72,000

03 (1) 비누적적 · 비참가적 우선주

	우선주	보통주	합계
당기배당액	$₩2,500×8%=₩200$	$1,500-200=₩1,300$	₩1,500

(2) 비누적적 · 완전참가적 우선주

	우선주	보통주	합계
당기배당액	$₩2,500×8%=₩200$	$₩6,000×8%=₩480$	₩680
잔여배당액	$(₩1,500-₩680)×\dfrac{2,500}{2,500+6,000}$ $=241$	$₩820×\dfrac{6,000}{8,500}$ $=579$	820
	₩441	₩1,059	₩1,500

(3) 누적적 · 비참가적 우선주

	우선주	보통주	합계
전기누적액	$₩2,500×8%=₩200$		₩200
당기배당액	$2,500×8%=200$	$(1,500-200-200)=₩1,100$	1,300
	₩400	₩1,100	₩1,500

(4) 누적적 · 완전참가적 우선주

	우선주	보통주	합계
전기누적액	$₩2,500×8%=₩200$		₩200
당기배당액	$2,500×8%=200$	$₩6,000×8%=₩480$	680
잔여배당액	$(1,500-200-680)×\dfrac{2,500}{8,500}=182$	$620×\dfrac{6,000}{8,500}=438$	620
	₩582	$=₩918$	₩1,500

04 (1) 자본금   3,300,000*

주식발행초과금   4,000,000

이익잉여금   4,400,000**

11,700,000

*3,000,000 + <u>300,000</u>
                주식배당

**3,000,000 − <u>300,000</u> − <u>300,000</u> + <u>2,000,000</u>
            현금배당 주식배당 당기순이익

(2) ① (차) 당기순이익   2,000,000   (대) 이익잉여금   2,000,000
    ② (차) 이익잉여금   600,000   (대) 현   금   300,000
                                            자 본 금   300,000

05 손익계산서상 당기순이익 $= (x)$

20×3. 12. 31   이익잉여금   ₩460,000
                현금배당   (50,000)
                법인세환급액   30,000
                유형자산처분손실   (56,000)
20×4.   당기순이익 x
20×4.12.31   이익잉여금   ₩400,000

$x = 16,000$

※ 20×4년에 당기순손익으로 보고되어야 하는 정확한 금액은 $16,000 + (56,000) + 30,000$
  $= -10,000$으로 당기순손실 발생.

06 (1) ① (차) 자기주식   155,200   (대) 현   금   155,200
    ② (차) 이익잉여금   152,000*   (대) 미지급배당금   152,000
            *(3,200 − 160) × 1,000 × 5% = 152,000
    ③ (차) 미지급배당금   152,000   (대) 현   금   152,000
    ④ (차) 현   금   161,600   (대) 자기주식   155,200
                                        자기주식처분이익   6,400
                                        (기타자본잉여금)
    ⑤ (차) 자기주식   412,000   (대) 현   금   412,000
    ⑥ (차) 자기주식   83,200   (대) 현   금   83,200
        자 본 금   80,000   자기주식   83,200
        감자차손   3,200
        또는
      (차) 자 본 금   80,000   (대) 현   금   83,200
        감자차손   3,200

⑦ (차) 현　　금　　　250,000　　　(대) 자기주식　　　　257,500
　　　　자기주식처분이익　6,400
　　　　자기주식처분손실　1,100

(2) 1. 보통주자본금(액면 ₩1,000, 발행주식수 3,120주)　　　₩3,120,000
　　2. 자본조정
　　　　① 자기주식　　　　　　　　　　(154,500)
　　　　② 감자차손　　　　　　　　　　(3,200)　　　　(157,700)
　　3. 이익잉여금
　　　　① 전기이월미처분이익잉여금　　1,846,900
　　　　② 당기순이익　　　　　　　　　240,000　　　2,086,900
　　4. 자본총계　　　　　　　　　　　　　　　　　　₩5,049,200

07

〈원가법〉

(1) (차) 자기주식　　　37,800
　　　(대) 현　　금　　　　37,800

(2) (차) 자기주식　　　20,100
　　　(대) 현　　금　　　　20,100

(3) (차) 현　　금　　　29,700
　　　(대) 자기주식　　　28,350*
　　　　　기타자본잉여금　1,350
　　　　*126×225=28,350

(4) (차) 현　　금　　　14,880
　　　　　기타자본잉여금　600
　　　　(대) 자기주식　　　15,480*
　　*75×126+45×134=15,480

(5) (차) 자본금　　　10,500
　　　　　감자차손　　3,570
　　　　(대) 자기주식　　14,070

〈액면금액법〉

(1) (차) 자기주식　　　30,000
　　　　　주식발행초과금　9,000*
　　　　*$\dfrac{72,000}{2,400주}×300$
　　　　(대) 현　　금　　　　37,800
　　　　　　기타자본잉여금　1,200

(2) (차) 자기주식　　　15,000
　　　　　주식발행초과금　4,500
　　　　　기타자본잉여금　600
　　　　(대) 현　　금　　　　20,100

(3) (차) 현　　금　　　29,700
　　　(대) 자기주식　　　22,500*
　　　　　주식발행초과금　7,200
　　　　*100×225=22,500

(4) (차) 현　　금　　　14,880
　　　(대) 자기주식　　　12,000
　　　　　주식발행초과금　2,880

(5) (차) 자본금　　　10,500
　　　(대) 자기주식　　　10,500

08 (1) 20×3.8.15 (차) 자기주식   16,000 (대) 현   금   16,000

      9.14 (차) 현   금   9,000 (대) 자기주식   8,000

                                                자기주식처분이익   1,000

                                                (기타자본잉여금)

매각되지 않은 자기주식은 자본조정 항목으로 자기자본에서 취득원가로 차감표시하도록 되어 있다.

(2) 10월: (차) 미처분이익잉여금   20,000 (대) 미교부주식배당금   20,000

    11월: (차) 미교부주식배당금   20,000 (대) 자본금   20,000

주식배당은 미처분이익잉여금을 감소시키고 동액만큼 자본금이 증가하게 된다. 따라서 주주들의 청구권에는 영향이 없다.

(3) 20×3년 12월 : (차) 미처분이익잉여금 21,500 (대) 미지급배당금   21,500

    20×4년 2월 : (차) 미지급배당금   21,500 (대) 현   금   21,500

현금배당금은 이익잉여금을 감소시켜 현금이 사외유출된다. 따라서 주주지분총계가 감소하게 된다.

09 ① 보통주당기순이익 $= 485,000 - 10,000 \times 2.5 = 460,000$

② 유통보통주식수 $= 90,000$

③ 주당손익(EPS) $= \dfrac{460,000}{90,000} ≒ ₩5.11$

10 (1) 가중평균 사외유통보통주식수

	주식수	가중치	적 수
1. 1~ 3. 31	20,000×2	90	3,600,000
4. 1~ 9. 30	25,000×2	183	9,150,000
10. 1~12. 31	40,000	92	3,680,000
		365	16,430,000

가중평균 유통보통주식수 $= 16,430,000 \div 365 ≒ 45,013$주

(2) 주당손익(EPS) $= 900,000 \div 45,013 ≒ 20$

11 ①

(1) (차) 현   금   ××× (대) 보통주 자본금   ×××

      주식할인발행차금   ×××

(2) 상환우선주는 자기주식 회계처리와 동일함

    취득시 (차) 자기주식   ××× (대) 현   금   ×××

    상환시 (차) 미처분이익잉여금   ××× (대) 자기주식   ×××

(3) 주식배당의 회계처리

배당결의 　(차) 미처분이익잉여금 ×××　　(대) 미교부주식배당금 ×××

배당금지급시 (차) 미교부주식배당금 ×××　　(대) 현　금　　　　　　×××

(4) (차) 자기주식 ×××　　(대) 현　금 ×××

(5) 주식분할은 특별한 회계처리 없음

12 (2) 3월 9일 : (차) 자기주식　　　35,000　　(대) 현　금　　　　　　35,000

(3) 5월 7일 : (차) 현　금　　　　7,500　　(대) 자기주식　　　　　7,000

　　　　　　　　　　　　　　　　　　　자기주식처분이익　500

(4) 6월 4일 : (차) 현　금　　　　6,300　　(대) 자기주식　　　　　7,000

　　　　　　　자기주식처분이익　500

　　　　　　　자기주식처분손실　200

(5) 7월 6일 : (차) 자본금　　　　5,000　　(대) 자기주식　　　　　7,000

　　　　　　　감자차손　　　　2,000

14 현금흐름표

익힘 문제

01 첫째, 기업의 미래 현금흐름의 창출능력에 관한 정보제공

둘째, 기업의 부채상환능력, 배당지급능력, 외부자금조달 필요성에 대한 정보의 제공

셋째, 자금흐름액과 당기순이익간 차이의 원인에 대한 정보제공

넷째, 기업의 일정기간 중 현금예금, 비현금예금의 투자 및 재무거래가 기업의 재무상태에 미치는 영향에 관한 정보제공

02 영업활동: 일반적으로 제품의 생산과 상품의 구매 및 판매활동을 말하며 투자 및 재무활동에 속하지 아니한 거래를 모두 포함.

투자활동: 현금의 대여와 회수, 유가증권·고정자산·투자자산의 취득과 처분활동 등 영업활동과 관련이 없는 자산의 증가 및 감소 거래

재무활동: 현금의 차입 및 상환활동, 신주발행, 배당금 지급 등 영업활동과 관련이 없는

부채 및 자본의 증가·감소 거래

03 직접법: 영업활동에서 조달된 현금을 증가시키는 개별 수익항목에서 현금을 감소시키는 개별 비용항목을 차감하여 구하는 방법

간접법: 영업활동에서 조달된 현금을 포괄손익계산서상 법인세비용차감전순이익에서 영업활동과 관련된 자산 및 부채의 순증감액을 가감시키고 비현금계정과 관련된 손익항목을 가감하여 구하는 방법

연습 문제

01 (1) 매출로 인한 현금유입액

매출채권, 선수금

기초매출채권	22,000	기초선수금	2,000
매 출	91,000	현 금 유 입	100,000
기말선수금	4,000	기말매출채권	15,000

(2) 영업비 지출로 인한 현금유출액

선급비용증가－미지급비용증가＋영업비(손익계산서상)＝영업비지급액

　　1,000　　　　　3,000　　　　42,000　　　　40,000

02 (1) ① 매출로 인한 현금유입액

매출채권, 선수금

기초매출채권	14,000	기초선수금	1,000
매 출	68,500	회 수	64,500
기말선수금	6,500	기말매출채권	23,500

② 매입대금지급으로 인한 현금유출액

매입채무

지 급	34,500	기초매입채무	18,500
기말매입채무	14,500	매 입	30,500

③ 판매비와 관리비 지출로 인한 현금유출액

(21,000－4,000)－1,000＝16,000

④ 영업활동으로부터의 현금흐름액

• 매출로 인한 유입	64,500
• 매입으로 인한 유출	(34,500)
• 판매비와 관리비 지출	(16,000)
• 이자지급	(1,000)
• 법인세지급	(5,000)
계	8,000

(2) 직접법에 의한 현금흐름표

추가정보 1)	① (차)	현 금	4,200	(대) 설비자산		5,000
		감가상각누계액	3,000	유형자산(설비)처분이익		2,200
	② (차)	설비자산	10,000	(대) 현 금		10,000
	③ (차)	감각상각비	4,000	(대) 감가상각누계액		4,000
추가정보 2)	① (차)	미지급배당금	3,500	(대) 현 금		3,500
	② (차)	이익잉여금	6,000	(대) 미지급배당금		6,000
	③ (차)	미지급배당금	4,500	(대) 현 금		4,500
추가정보 3)	(차)	현 금	7,000	(대) FVPL인식금융자산		4,000
				FVPL금융자산처분이익		3,000
추가정보 4)	(차)	사 채	5,000	(대) 현 금		4,200
				사채상환이익		800
기타추정	① (차)	현 금	5,000	(대) 자 본 금		5,000
	② (차)	당기순이익	14,500	(대) 이익잉여금		14,500

현금흐름표

목포회사	20×3년 1. 1~20×3. 12. 31		(단위: 원)
Ⅰ. 영업활동으로 인한 현금흐름			15,000
매출로 인한 유입		64,500	
매입으로 인한 유출		(34,500)	
FVPL금융자산처분으로 인한 유입		7,000	
판매비와 관리비 지출		(16,000)	
이자지급		(1,000)	
법인세비용지급		(5,000)	
Ⅱ. 투자활동으로 인한 현금흐름			(5,800)
1. 투자활동으로 인한 현금유입			
설비처분		4,200	
2. 투자활동으로 인한 현금유출			
설비구입		(10,000)	
Ⅲ. 재무활동으로 인한 현금흐름			(7,200)
1. 재무활동으로 인한 현금유입			
유상증자		5,000	
2. 재무활동으로 인한 현금유출			
배당금지급		(8,000)	
사채상환		(4,200)	
Ⅳ. 현금증가			2,000
Ⅴ. 기초현금			11,000
Ⅵ. 기말현금			13,000

(3) 간접법에 의한 현금흐름표

법인세차감전순이익에 가감할 항목

가산		차감	
선급비용	1,000	매출채권	9,500
선수금	5,500	재고자산	500
미지급법인세	3,000	매입채무	4,000
감가상각비	4,000	FVPL금융자산처분이익	3,000
		유형자산처분이익	2,200
		사채상환이익	800
	13,500		20,000

현금흐름표

목포회사	20×3년 1. 1~20×3. 12. 31		(단위: 원)
Ⅰ. 영업활동으로 인한 현금흐름			15,000
1. 법인세비용차감전 순이익		22,500	
2. 현금의 유출이 없는 비용 등의 가산		13,500	
3. 현금의 유입이 없는 수익 등의 차감		(20,000)	
4. FVPL금융자산감소		7,000	
5. 법인세의 납부		(8,000)	
Ⅱ. 투자활동으로 인한 현금흐름			(5,800)
1. 투자활동으로 인한 현금유입			
① 설비처분		4,200	
2. 투자활동으로 인한 현금유출			
① 설비구입		(10,000)	
Ⅲ. 재무활동으로 인한 현금흐름			(7,200)
1. 재무활동으로 인한 현금유입			
① 유상증자		5,000	
2. 재무활동으로 인한 현금유출			
① 배당금지급		(8,000)	
② 사채상환		(4,200)	
Ⅳ. 현금증가			2,000
Ⅴ. 기초현금			11,000
Ⅵ. 기말현금			13,000

03

법인세차감전순이익에 가감할 항목			
가산		차감	
매입채무 증가	14,000	매출채권(순액)증가	29,000
감가상각비	26,500	상품증가	75,000
		선급비용 증가	3,000
		유형자산(기계)처분이익	500
	40,500		107,500

〈추정분개〉

①	(차) 감가상각비	26,500	(대) 감가상각누계액		26,500
②	(차) 현　　금	2,000	(대) 기계와 비품		8,000
	감가상각누계액	6,500	유형자산(기계)처분이익		500
③	(차) 건　　물	20,000	(대) 현　　금		20,000
④	(차) 기계와 비품	68,000	(대) 현　　금		68,000
⑤	(차) 지분법적용투자주식	15,000	(대) 현　　금		15,000
⑥	(차) 토　　지	30,000	(대) 현　　금		30,000
⑦	(차) 현　　금	40,000	(대) 장기차입금		40,000
⑧	(차) 당기순이익	175,000	(대) 미처분이익잉여금		175,000
⑨	(차) 미처분이익잉여금	120,000	(대) 현　　금		20,000
			자 본 금		100,000

현금흐름표

안양중공업주식회사	20×2. 1. 1~20×3. 12. 31		(단위: 원)
Ⅰ. 영업활동으로 인한 현금흐름			108,000
1. 법인세비용차감전 순이익		200,500	
2. 현금의 유출이 없는 비용 등의 가산		40,500	
3. 현금의 유입이 없는 수익 등의 차감		(107,500)	
4. 법인세의 납부		(25,500)	
Ⅱ. 투자활동으로 인한 현금흐름			(131,000)
1. 투자활동으로 인한 현금유입			
① 설비처분		2,000	
2. 투자활동으로 인한 현금유출			
① 건물구입		(20,000)	
② 기계구입		(68,000)	
③ 지분법적용투자주식구입		(15,000)	
④ 토지구입		(30,000)	
Ⅲ. 재무활동으로 인한 현금흐름			20,000
1. 재무활동으로 인한 현금유입			
① 장기차입금의 차입		40,000	
2. 재무활동으로 인한 현금유출			
① 배당금지급		(20,000)	
Ⅳ. 현금증가			(3,000)
Ⅴ. 기초현금			43,000
Ⅵ. 기말현금			40,000

04 (1) 간접법에 의한 현금흐름표 작성

〈추가자료〉

(1) (차) 현 금	65,200	(대) 기계장치	80,000
감가상각누계액	20,500	유형자산(기계장치)처분이익	5,700
(3) ① (차) 현 금	20,000	(대) 장기차입금	20,000
② (차) 기계장치	63,700	(대) 현 금	63,700
③ (차) 감가상각비	15,300	(대) 감가상각누계액	15,300
(4) (차) 미처분이익잉여금	27,300	(대) 현 금	27,300

〈기타추정〉

① (차) 현 금	200	(대) FVPL금융자산	200

② (차) 토　　　지	30,000	(대) 현　　　금	30,000
③ (차) 무형자산(특허권)상각비	10,000	(대) 특허권	10,000
④ (차) 장기차입금	4,000	(대) 유동성장기차입금	4,000
⑤ (차) (사채)이자비용	200	(대) 사채할인발행차금	200
⑥ (차) 현　　　금	30,000	(대) 자본금	30,000
⑦ (차) 당기순이익	20,000	(대) 미처분이익잉여금	20,000

현금흐름표

신촌주식회사　　　　20×3. 1. 1~20×3. 12. 31　　　　(단위: 원)

Ⅰ. 영업활동으로 인한 현금흐름		40,500
1. 법인세비용차감전 순이익	33,000	
2. 현금의 유출이 없는 비용 등의 가산	37,700	
3. 현금의 유입이 없는 수익 등의 차감	(8,100)	
4. 영업활동 현금창출		
① 이자비용지급	(6,400)	
② 법인세지급	(15,900)	
③ FVPL금융자산선처분	200	
Ⅱ. 투자활동으로 인한 현금흐름		(28,500)
1. 투자활동으로 인한 현금유입		
① 기계처분	65,200	
2. 투자활동으로 인한 현금유출		
① 기계구입	(63,700)	
② 토지구입	(30,000)	
Ⅲ. 재무활동으로 인한 현금흐름		22,700
1. 재무활동으로 인한 현금유입		
① 장기차입금 차입	20,000	
② 유상증자	30,000	
2. 재무활동으로 인한 현금유출		
① 배당금지급	(27,300)	
Ⅳ. 현금증가		34,700
Ⅴ. 기초현금		7,900
Ⅵ. 기말현금		42,600

〈주석〉

법인세차감전순이익에 가감할 항목

가산		차감	
매출채권(순액)감소	5,700	미지급비용	2,400
매입채무증가	100	기계장치처분이익	5,700
이자비용	6,600		
감가상각비	15,300		
특허권상각비	10,000		
계	37,700	계	8,100

(2) 직접법에 의한 현금흐름표 작성

① 매출 및 기타수익

매출채권				대손충당금	
기 초	17,000	회 수	290,000	2,300	1,500
매 출	300,100	대손발생	2,300	3,000	3,800
		매출환입	12,000		
		기 말	12,800		

② 매입대금 지급

매입채무			
지 급	173,900	기 초	9,000
기 말	9,100	매 입	174,000

③ 영업비 지급

₩53,500＝판관비(70,200)－대손상각(3,800)－감가상각비(15,300)

　　　　　　＋미지급비용감소(2,400)

④ 지급이자 지급

　지급이자　　　　　　　　　(6,400)

⑤ 법인세 지급

　미지급법인세 감소　　　　(2,900)

　법인세　　　　　　　　　(13,400)

　　　　　　　　　　　　　(15,900)

⑥ 영업활동으로 인한 현금흐름

290,000－173,900－53,500－6,400－15,900＋200＝40,500

05

법인세차감전순이익에 가감할 항목

가산		차감	
매출채권	6,000	매입채무	19,000
상 품	37,000		
선급비용	2,000		
무형자산(특허권)상각비	6,000		
감가상각비	35,000		
유형자산처분손실	2,000		19,000
	88,000		

〈추정분개〉

① (차) 무형자산(특허권)상각비 6,000   (대) 특허권   6,000
② (차) 특허권   18,000   (대) 현 금   18,000
③ (차) 감가상각비   35,000   (대) 감가상각누계액   35,000
④ (차) 현 금   7,000   (대) 기계장치   15,000
       유형자산처분손실   2,000
       감가상각누계액   6,000
       기계장치   50,00   현 금   50,000
⑤ (차) 기타유동부채   63,000   (대) 현 금   63,000
       현 금   30,000   기타유동부채   30,000
⑥ (차) 사 채   180,000   (대) 현 금   180,000
⑦ (차) 현 금   190,000   (대) 자 본 금   190,000
⑧ (차) 미처분이익잉여금   20,000   (대) 현 금   20,000
⑨ (차) 미처분이익잉여금   6,000   (대) 당기순손실   6,000

현금흐름표

울산주식회사	20×3. 1. 1~20×3. 12. 31		(단위: 원)
Ⅰ. 영업활동으로 인한 현금흐름			63,000
1. 당기순손실		(6,000)	
2. 현금의 유출이 없는 비용 등의 가산		88,000	
3. 현금의 유입이 없는 수익 등의 차감		(19,000)	
Ⅱ. 투자활동으로 인한 현금흐름			(61,000)
1. 투자활동으로 인한 현금유입			
① 기계장치 처분		7,000	
2. 투자활동으로 인한 현금유출			
① 특허권취득		(18,000)	
② 기계장치 구입		(50,000)	
Ⅲ. 재무활동으로 인한 현금흐름			(43,000)
1. 재무활동으로 인한 현금유입			
① 유동부채차입		30,000	
② 유상증자		190,000	
2. 재무활동으로 인한 현금유출			
① 유동부채상환		(63,000)	
② 사채상환		(180,000)	
③ 배당금지급		(20,000)	
Ⅳ. 현금증가			(41,000)
Ⅴ. 기초현금			86,000
Ⅵ. 기말현금			45,000

15 재무제표의 분석

익힘 문제

01 주주나 채권자 등 회계정보이용자가 의사결정을 하는 데 유용한 재무정보를 제공해 주며, 기업의 회계담당자도 이를 통하여 기업의 재무상태나 경영성과를 보다 명확하게 파악·평가할 수 있다.

02 (1) 비율분석: 서로 관련되는 항목간의 관계를 비율로 산정하고 그 비율을 분석함으로써 기업의 재무상태와 영업실적을 평가하는 기업이다.

(2) 추세분석: 두 개 이상의 연속된 회계기간에 대해 재무제표의 계정·금액을 비교하는 기법이다.

(3) 구성비분석: 재무제표 각 항목의 중요도를 총액에 대한 구성비로 표시하여 재무제표와 영업실적을 분석하는 방법

03 (1) 유동성비율: 기업의 단기채무에 대한 지급능력을 측정(유동비율, 당좌비율)

(2) 안정성비율: 기업의 장기적인 지급능력과 재무구조 건전성 여부 판단(부채비율)

(3) 수익성비율: 기업의 일정기간 동안의 수익성을 측정(총자본순이익률, 자기자본순이익률, 매출액총이익률, 매출액순이익률)

(4) 활동성비율: 기업의 자산을 얼마나 효율적으로 사용했는가의 측정(자본회전율, 매출채권회전율, 상품회전율, 고정자산회전율)

04 (1) 비율분석은 공시된 재무제표를 기초로 행해지기 때문에 재무제표의 적정성여부에 영향을 많이 받는다.

(2) 여러 가지 대체적인 회계처리방법이 존재하므로 회계처리방법이 상이한 기업들을 비교·평가하는 것은 불합리하다.

(3) 비율분석은 기업의 과거자료를 이용하므로 기업의 미래가치에 대한 평가에 별 도움을 주지 못한다.

05 (1) 유동비율: $\dfrac{유동자산}{유동부채}$(단기채무에 대한 변제능력을 측정)

(2) 당좌비율: $\dfrac{\text{당좌자산}}{\text{유동부채}}$(재고자산의 유동성이 의문시될 경우 단기유동성을 측정)

연습 문제

01

(1) 유동비율 $=\dfrac{\text{유동자산}}{\text{유동부채}}=\dfrac{40,000+90,000+130,000+3,000}{50,000+26,000+5,000}=\dfrac{263,000}{81,000}\fallingdotseq3.247$

(2) 재고자산회전율 $=\dfrac{\text{매출원가}}{\text{평균재고자산}}=\left(\dfrac{760,000}{\dfrac{100,000+130,000}{2}}\right)\fallingdotseq6.609$

(3) 매출채권회전율 $=\dfrac{1,000,000}{90,000}=11.11$

(4) 주당순이익 $=\dfrac{70,000}{50,000}=1.4$

(5) 매출액순이익률 $=\dfrac{70,000}{1,000,000}=7\%$

(6) 보통주자본이익률 $=\dfrac{70,000}{362,000}=19.3\%$

02

(1) 자기자본 $=360,000\div0.1=3,600,000$

(2) 세전이익 $=\dfrac{360,000}{1-0.4}=600,000 \qquad\qquad 600,000\times0.4=240,000$

(3) 총비용 $=3,000,000-360,000=2,640,000$

(4) 당기순이익 $=3,000,000\times0.12=360,000$

(5) 총자산 $=360,000\div0.06=6,000,000$

(6) 총부채 $=3,600,000\times66\dfrac{2}{3}\%=2,400,000$
　　(or 총자산－자기자본 $=6,000,000-3,600,000=2,400,000$)

03 매출액 x, 매출원가 y, 재고자산 z 라 하면
① $x-y=315,000$, ② $x=15z$, ③ $y=10.5z$
①, ②, ③을 연립하여 풀면 $x=1,050,000$, $y=735,000$, $z=70,000$
또는 $432,000=(25,000\text{현금}+43,000\text{매출채권}+\text{재고자산}+294,000)$　∴ 재고자산 $=70,000$
매출채권 $=438,000-(25,000+70,000+294,000)=43,000$

유동비율 $1.5=\dfrac{432,000-294,000}{25,000+\text{매입채무}}$　　매입채무 $=67,000$

또는 $1.5(25,000 + 매입채무) = 138,000$

$1.5 \times 매입채무 = 138,000 - (25,000 \times 1.5) = 100,500$　　　∴ 매입채무는 $= 67,000$

비유동부채를 a, 이익잉여금을 b라 하면

i)　$a + b = 432,000 - (67,000 + 25,000 + 300,000) = 40,000$

ii)　$\dfrac{92,000 + a}{300,000 + b} = 0.8$

i)과 ii)를 연립하면　$a = 100,000$　　$b = -60,000$

(1) 재고자산 70,000, 매입채무 67,000, 이익잉여금 $-60,000$(누적적자)

(2) ① 43,000 ② 100,000

04　$\dfrac{0.45}{0.3} = 1.5(150\%)$

05

(1) 재고자산회전율 $= \left(\dfrac{7,800,000}{\dfrac{2,300,000 + 2,600,000}{2}} \right) \fallingdotseq 3.18$

(2) 매출채권회전율 $= \left(\dfrac{12,000,000}{\dfrac{2,200,000 + 2,000,000}{2}} \right) = 5.71$

(3) 총자산순이익률(ROA) $= \left(\dfrac{1,800,000}{\dfrac{9,400,000 + 8,700,000}{2}} \right) \fallingdotseq 0.2(20\%)$

06

(1) PER $= \dfrac{25,000}{1,000} = 25$

(2) $500 \div 25,000 = 2\%$

(3) 매출액순이익률 $= 22,000,000 \div 440,000,000 = 5\%$

(4) 총자산회전율 $= 440,000,000 \div 220,000,000 = 2$회

07

매출액 $= 4.5 \times \dfrac{25,000,000 + 28,000,000}{2} = 119,250,000$

매출원가 $= 3 \times \dfrac{34,000,000 + 32,000,000}{2} = 99,000,000$

매출총이익 $= 119,250,000 - 99,000,000 = 20,250,000$

08

당좌비율 $= \dfrac{38,000 + 63,000}{88,000} = 1.148$

$$유동비율 = \frac{283,000}{88,000} = 3.216$$

$$총자산순이익률(ROA) = \frac{60,000}{541,000} = 0.111$$

$$자기자본순이익률(ROE) = \frac{60,000}{480,000} = 0.125$$

부록1 연결재무제표

익힘 문제

01 연결재무제표를 작성하는 목적은 다음과 같다.
① 연결실체 전체의 재무상태와 경영성과 등에 관한 정보를 제공한다.
② 내부거래 및 내부거래 미실현손익을 제거함으로써 내부거래에 따른 개별기업의 재무제표상 이익조정가능성을 배제할 수 있다.
③ 연결실체 전체의 재무상태를 보고함으로써 특정 연결실체에 대한 경제력 집중에 대한 정보를 제공한다.

02 지배기업이론은 연결재무제표의 작성주체를 지배기업으로 보고 지배기업의 입장에서 연결재무제표를 작성하여야 한다고 주장한다. 이 이론에서는 연결재무제표는 지배기업 재무제표의 일부로 간주하며, 종속기업의 자본 중 지배기업 이외의 지분(비지배지분이라 한다)은 부채의 일부로 간주한다. 또한 종속기업의 이익 중 비지배지분 해당액(비지배지분순이익이라 한다)은 지배기업의 몫이 아니기 때문에 비용의 일부로 간주한다.

실체이론은 연결재무제표의 작성주체를 지배·종속기업으로 구성되는 연결실체로 보고 연결실체의 입장에서 연결재무제표를 작성하여야 한다고 주장한다. 이 이론에서는 연결재무제표는 연결실체의 재무제표로 간주하며, 비지배지분은 연결실체 자본의 일부로 간주한다. 또한 비지배지분순이익도 연결실체의 순이익을 구성하며 실체의 이익 중 비지배지분에 귀속될 금액으로 본다.

K-IFRS에서는 위의 두 가지 이론 중 실체이론에 근거한 연결재무제표를 작성할 것을 규정하고 있다. 다만, 비지배지분에 대한 영업권은 별도로 인정할 수도 있고, 지배기업지분

에 대한 영업권만 인식하는 방법도 사용할 수 있도록 규정하고 있다.

03 연결재무제표는 지배기업의 모든 종속기업을 포함하여야 한다. 이 경우 지배기업이 직접으로 또는 종속기업을 통하여 간접으로 기업 의결권의 과반수를 소유하는 경우에는 그 기업을 지배한다고 본다. 다만 그러한 소유권이 지배력을 의미하지 않는다는 것을 명확하게 제기할 수 있는 예외적인 경우는 제외한다.

다음의 경우에는 지배기업이 다른 기업 의결권의 절반 또는 그 미만을 소유하더라도 지배한다고 본다.

① 다른 투자자와 약정으로 과반수의 의결권을 행사할 수 있는 능력이 있는 경우

② 법규나 약정에 따라 기업의 재무정책과 영업정책을 결정할 수 있는 능력이 있는 경우

③ 이사회나 이에 준하는 의사결정기구가 기업을 지배한다면, 그 이사회나 이에 준하는 의사결정기구 구성원의 과반수를 임명하거나 해임할 수 있는 능력이 있는 경우

④ 이사회나 이에 준하는 의사결정기구가 기업을 지배한다면, 그 이사회나 이에 준하는 의사결정기구의 의사결정에서 과반수의 의결권을 행사할 수 있는 능력이 있는 경우

04 별도재무제표란 지배기업, 관계기업의 투자자 또는 공동지배기업의 참여자가 투자자산을 피투자자의 보고된 성과와 순자산에 근거하지 않고 직접적인 지분투자에 근거한 회계처리로 표시한 재무제표를 말한다.

별도재무제표에서는 종속기업투자에 대하여 원가법 또는 공정가치법을 적용하여 평가한다. 이 경우 지배기업은 종속기업으로부터 배당을 받을 권리가 확정되는 시점에 그 배당금을 별도재무제표에 당기손익으로 인식한다.

05 연결재무제표는 연결실체의 재무제표이므로 작성주체는 연결실체이어야 한다. 다만, 연결실체는 행위능력이 없으므로 지배기업이 연결실체를 대리하여 작성하여야 하는 것이다.

지배·종속관계가 연속적으로 성립하는 경우에는 최상위 지배기업뿐만 아니라 중간지배기업도 종속기업이 있으므로 하위 종속기업을 포함하는 연결재무제표를 작성하여야 한다.

$$A \rightarrow B \rightarrow C \rightarrow D$$

위와 같이 지배·종속관계가 연속적으로 성립하는 경우에는 A사는 B사, C사, D사를 포함하는 연결재무제표를, B사는 C사와 D사를 포함하는 연결재무제표를, C사는 D사를 포함하는 연결재무제표를 각각 작성한다.

06 비지배지분 해당액은 별도의 과목인 비지배지분의 과목으로 구분하여 연결재무상태표의 자본부에 표시한다.

[저자약력]

손 성 규

[학력]

Northwestern University, 회계학박사
University of California-Berkeley, 경영학석사
연세대학교 경영학과, 경영학학사

[경력]

현, 연세대학교 경영대학 교수
현, 포스코홀딩스 사외이사/감사위원장
현, 서울의과학연구소(SCL)재단이사회 감사
현, 삼성자산운용 사외이사/감사위원
뉴욕시립대학교 조교수, 미국공인회계사
기획예산처 정부투자/산하기관 경영평가위원
한국전력 출자회사/발전자회사 평가위원
금융감독원 감리위원회 위원
한국회계학회 회계학연구 편집위원장
삼일 저명 교수
KT재무회계자문단위원, 한국CFO협회 운영위원
YBM시사닷컴 감사, STX엔진 사외이사
KB생명보험 사외이사/감사위원장
롯데쇼핑 사외이사/감사위원, 회계기준위원회 비상임
　위원
한국거래소 유가증권시장 공시위원회 위원장
기획재정부 공공기관 국제회계기준 도입 자문단
금융위원회 증권선물위원회 비상임위원
국제중재재판소 Expert Witness
한국연구재단 전문위원, 삼일저명교수
서울보증보험 사외이사/감사위원장
유니온스틸 사외이사/감사위원
연세대학교 기획실 정책부실장, 재무처장, 감사실장,
　연세대학교 상남경영원장
한국회계학회 회장, 한국경영학회 부회장
한국 조세재정연구원 국가회계재정통계센터 자문위원
삼정회계법인 감사위원회 지원센터 자문위원
제주항공 사외이사/감사위원장
하나로의료재단 이사
현대건설기계 사외이사/감사위원장
ESG기준원, 기업지배구조위원

[저서 및 연구]

회계감사이론, 제도 및 적용, 박영사, 2006
수시공시이론, 제도 및 정책, 박영사, 2009
회계정보의 유용성, 공저, 신영사, 2010
금융감독, 제도 및 정책-회계 규제를 중심으로,
　박영사, 2012
회계환경, 제도 및 전략, 박영사, 2014
금융시장에서의 회계의 역할과 적용, 박영사, 2016
전략적 회계 의사결정, 박영사, 2017
시사적인 회계이슈들, 박영사, 2018
기업지배구조의 모든것, 공저, 클라우드나인, 2018
회계문제의 대응과 해법, 박영사, 2019
기업경영에서의 회계의사 결정, 박영사, 2020
회계정보를 이용한 전략적 의사결정, 박영사, 2021
기업지배구조와 회계의사결정, 박영사, 2023
Journal of Accounting and Economics, 회계학연구
회계저널, 회계·세무와 감사연구, 경영학연구
증권학회지 외 다수

이 호 영

[학력]

University of Oregon, 회계학박사
University of Wisconsin, Madison, 회계학석사
감리교신학대학교 대학원, M.Div.
동국대학교 경영대학, 회계학학사/석사

[경력]

현, 연세대학교 경영대학 교수
현, 연세대학교 ESG/기업윤리연구센터장
현, GS건설(주)사외이사/감사위원장
현, 대신경제연구소 자문교수
(사)한국회계정보학회 회장
(사)한국윤리경영학회 회장
(사)한국회계학회, (사)한국글로벌경영학회, (사)한국
　　경영교육학회, 부회장
국민권익위원회 민관협의회 경제분과 위원장
University of Washington, Seattle 객원교수
University of Nebraska, Omaha 조교수
University of Oregon, 강사
한진그룹 계열사(현, 메리츠증권), 경제연구실 근무
공군 작전사령부 및 기획관리참모부, 예산 및 관리회계
　　담당장교 근무
기업 및 공공기관 자문활동: 금융기업 사회적가치평가
　　및 전략수립, 비영리기관 경영평가, 비영리기관 공시
　　제도 평가 및 개선, 상장기업 지분법 유가증권가치평
　　가, IFRS 연결재무제표 분석, IFRS 비교가능성 분석,
　　외부감사 품질지표 평가 및 개발, 정부기관 보유
　　재고자산 평가, 정부기관 조달평가제도 개발 등 다수

[저서 및 연구]

EGS편람, 공저, 물류산업진흥재단, 2022
기업지배구조의 모든 것, 공저, 클라우드나인, 2018
기업지배구조 이해관계의 대립과 일치, 역서, 석정,
　　2011
사례로 배우는 IFRS, 공저, 삼일인포마인, 2010
학술저널 게재: Auditing: A Journal of Practice &
　　Theory, Accounting & Finance, Pacific-Basin Finance
　　Journal, Journal of Financial Management & Ac-
　　counting, Asia-Pacific Journal of Accounting &
　　Economics, 경영학연구, 회계학연구, 회계저널 등
　　다수

오 명 전

[학력]

연세대학교, 회계학박사
연세대학교, 경영학석사
연세대학교 경영학과, 경영학사

[경력]

현, 숙명여자대학교 경영학부 교수
현, 한국공인회계사회 K-IFRS 상담위원
현, 대성홀딩스 사외이사/감사위원장
현, 카카오게임즈 사외이사/감사위원장
현, 금융감독원 회계관리국 자문교수
현, 한국회계기준원 회계기준자문위원회 위원
현, 한국회계학회 상임이사
공인회계사, 세무사
명지대학교 조교수
금융감독원·한국회계기준원 K-IFRS 질의회신연석회의
　　위원
한국공인회계사회 윤리조사심의위원회 위원
한국대학농구연맹 감사
건강보험공단 급여평가위원회 위원
용산구 공유촉진위원회 위원
각종 국가고시(공무원 5급/7급, 입법고시, 공인회계사 등)
　　출제위원 및 선정위원
딜로이트 안진회계법인 감사본부 근무
숙명여자대학교 교수학습센터장, 평가실장, 사무처장,
　　관리정보처장

[저서 및 연구]

중급회계, 리스크컨설팅코리아, 2018
Libby의 회계원리, 역서, 경문사, 2018
CPA 정부회계, 상경사, 2014
학술저널 게재: Australian Accounting Review, 회계
　　학연구, 회계저널, 회계세무와 감사연구, 경영학연
　　구 외 다수

IFRS 회계원리 해답집[제16개정판]

2023년 2월 21일   제16개정판 인쇄
2023년 2월 28일   제16개정판 발행

저   자 손성규 · 이호영 · 오명전
발행인 배   효   선
발 행 처 도서
출판   **法 文 社**

주 소   10881 경기도 파주시 화동길 37−29
등 록   1957년 12월 12일 / 제2−76호(윤)
전 화   031−955−6500~6, 팩 스 031−955−6525
e−mail(영업) : bms@bobmunsa.co.kr
       (편집) : edit66@bobmunsa.co.kr
홈페이지 http://www.bobmunsa.co.kr

조   판   광   진   사

정가   12,000원   ISBN 978−89−18−91399−5